学術選書 044

江戸の庭園

将軍から庶民まで

飛田範夫

KYOTO UNIVERSITY PRESS

京都大学学術出版会

はじめに

東京や大阪は今も昔も活気にあふれていて、どちらも若者が憧れる街であることは違いがないようだ。それでも現代の東京は日本の政治・経済の中心で、大阪は経済活動が盛んだという特徴がある。これは江戸時代も似たようなものだったのだが、今の大阪は「天下の台所」というには元気が無くなっているような感じもする。

それはさておいて、江戸と大坂にはそれぞれ違った魅力があったようなのだが、具体的な違いとは何だったのだろうか。江戸時代の江戸と大坂の相違を、「庭園」あるいは「緑地」という造園的な観点から解明できないかと考え続けてきた。「緑地」は漠然としているが、具体的な事例が多い「庭園」から探れば江戸と大坂の違いが明らかになり、現代の東京・大阪の問題点も見えてくるのではないかと思うようになった。

江戸には大名屋敷が数多くあり、広大な面積の庭園がつくられていた。このことは、今も残る六義《りくぎ》園《えん》・小石川後楽園・旧浜離宮などの庭園が示している。当時は、大名の城下町だった他の都市でも庭園がつくられていて、たとえば金沢には兼六園、名古屋には名古屋城二の丸庭園、彦根には玄宮・楽々園、広島には縮景園、熊本には成趣園《じょうじゅえん》などが残っている。だが不思議なことに、大坂には思い当たる庭園がない。

江戸には庭園があふれ、大坂にはほとんど庭園がなかったということは、一体何を意味しているのだろうか。庭園だらけというのも尋常でないが、無さすぎるのも異常な感じがする。この極端な違いが江戸と大坂の本質のようなのだが、結論を出す前に事実を確認しておくことが重要になる。江戸の庭園としてはどのようなものがあったのか、大坂には本当に庭園がなかったのかを探る必要がある。

さまざまな庭園の事例を列挙するよりも、最初に植木屋の活動を見た方が江戸時代の全体の動きを理解しやすいと思うので、第1章では江戸の庭園をつくった植木屋を取り上げることにした。すでに染井の植木屋については詳しく調べられているが、他の地域の植木屋はどうだったのだろうか。現代の造園業の基礎を築いた彼らは、どのようにして専門家になっていったのだろうか。

江戸の特徴は将軍が居住していた都市ということだった。そこで、第2章・第3章では江戸城の庭園を調べてみることにした。庭園をつくっては火事で焼けるということを、実によく繰り返しているのは驚きだった。第4章・第5章では大名屋敷の庭園を取り上げたが、これまでも専門的な本も多く出版されていて、まとめるのに最大の難関になった。大名庭園というのは数が多すぎる上に、みな形態が類似しているので、詳しく論じれば論じるほど、同じことの繰り返しになってしまう危険性がつきまとう。そこで、園池の水源は何かということで、大名庭園を系統立てることにした。

これまで大名庭園ばかりが脚光を浴びてきたので、本書では江戸時代の中小庭園にも光を当ててみたいと思った。将軍には直属の家臣として旗本・御家人《ごけにん》がいたが、彼らの庭園は小規模なためか、これまであまり話題にならなかった。そこで、第6章では旗本・御家人屋敷の庭園がどうだったのかを見ることにした。第7章では江戸の寺院や神社の庭園を、庭園の様子そのものだけではなく、庶民との関係からも探ってみた。さらに第8章では、やはりこれまで論じられることが少なかった農民の庭園と、町人の庭園を取り上げてみた。

最後に第9章では、なぜ江戸にこれほど数多くの庭園がつくられるようになったのか、逆に言えば江戸の町が膨張していって、次々に庭園が築かれていったということは、環境という視点からみればどうだったのかを考えてみることにした。

江戸に較べると、大坂は確かに庭園の数が少ない。だが、調べてみると、意外と庭園は存在しているし、関係する事柄も多いことがわかってきた。しかし、大坂の庭園には、江戸と対比しないと理解しにくい点が多い。そこでまず江戸の庭園について、本書でまとめることにした。江戸が都市として魅力的だったことは、これまでもさまざまに述べられてきたが、庭園とそれを支えた人々の動きは、環境というものを考えることが必要な今日のまちづくりには、重要な示唆を与えてくれるように思う。

江戸の庭園◉目　次

江戸の庭園——将軍から庶民まで

第1章 江戸の植木屋

1 さまざまな植木屋

最近は造園屋とか造園業者と言うことが多くなったが、江戸時代の江戸では一般に「植木屋」と呼んでいた。本来、木を売っていたから植木屋のはずなのだが、庭園を作っていたりするために、その仕事がわかりにくい。水野忠暁《ただとし》（一七六七―一八三四）の『草木錦葉集《きんようしゅう》』（文政十二年［一八二九］）では、植木屋を次のように分類している。

変わった品を売買する者
その土地の産物を熟知して売買する者
松作りだが、小松や根上りの松ばかりを作る者
大石の台に樹木を植える者
庭木ばかりを作る者
幹を曲げて基本となる荒作りをする者
椿・山茶花《さざんか》などを作る者
梅・桜の類を作る者
直接地面に樹木を植えて栽培する者
庭造りの中でも露地などの茶庭を造る者
岩石庭といった庭園の岩組や石を巧に扱う者

大きく分類すれば、江戸時代には盆栽・植木生産・作庭の仕事を行なっていたのが皆「植木屋」ということになるが、仕事内容からすると、実際の生業としてはかなり細分化していたことがわかる。仕事量が多かったので細分化していき、持続することも可能だったのだろう。だが、それぞれの専門家に対しての呼称が生まれていないことは、まだ完全に分化していなかったことを示してもいる。こ

こでは植木の生産・販売、作庭、庭園の維持管理に従事していた植木屋について見ていくことにしたい。

2 江戸前期の植木屋

江戸城の庭園係り

江戸においての庭園つくりは、江戸城と大名屋敷から始まったと考えられる。江戸城の庭園の係りを見ると、寛永六年（一六二九）六月二日に西の丸の山里御茶屋の露地工事に、「庭作り」役の山本道勺《どうしゃく》が従事している（『徳川実紀』）。その一方、『東武実録（三十八）』の寛永九年二月の条の数奇屋坊主の項には、「御泉水方」として「宗知・喜清」と記されている。最初、幕府には露地を専門とする「庭作り」役と、園池がある大面積の庭園を専門とする「泉水方」の二つの役職が存在していたと考えられる。

だが、大名や旗本の氏名・役職などを記した寛永七年の『武鑑』では、幕府の「御庭作り」として

「山本道勺・（鎌田）庭雲」と名が出ているだけになる。「泉水方」は「庭作り」に含まれたらしい。江戸中期になると、『吏徴《りちょう》（付録）』の世襲《せしゅう》の項に、庭作り役として鎌田庭雲、露地作り役として山本道勺と書かれているように、庭作り役は世襲化されて、この二系統の家に定まってしまう（飛田「江戸幕府の庭園担当者」『造園史論集』）。

幕府直属の庭園係りがいて作庭の指揮をしていたわけだが、江戸城内の庭園工事や維持管理の際にはどのような人間を使っていたのだろうか。大田南畝《なんぽ》（一七四九—一八二三）が幕府の文書をまとめた『竹橋余筆』によると、寛文四年（一六六四）に二の丸庭園のサクラの植栽工事は「植木屋孫右衛門」、翌五年六月の本丸のサクラの植栽工事は「植木屋総右衛門・三郎右衛門」が落札している。

『江戸町触集成』に収められている江戸町奉行所が出した布告からも、幕府関連の植栽工事の入札に植木屋が参加していたことがわかる。貞享元年（一六八四）十一月二十四日に町年寄三人に「御植木入札」の申し渡しがあったが、高い価格がつけられたために予算と合わず、翌二年一月九日に再度入札を行なうことが決定されている。元禄六年（一六九三）八月十日には、江戸城西の丸の工事現場の植木八四本を移植する仕事を希望する者は、辰口《たつのくち》の小細工小屋へ申し出るように命じられているが、同月十三日には入札に応じる者がなかったことが報じられている。江戸前期には大名屋敷の庭園造営が盛んに行なわれていたことから、植木屋は業種として独立したものになり、江戸城内の植栽工事にも関わるようになったようだ。

植木屋の所在地

江戸前期には江戸に植木屋という業種が出現していたわけだが、元禄三年（一六九〇）に刊行された『増補江戸惣鹿子《そうかのこ》名所大全（五）』の「諸職諸商人有所」の項に、

植木や

一　下谷《したや》池のばた　京橋長崎町広小路　神明前三島町　駒込そめ井　四谷伝馬町　其外方々に有といへども不計なり。

と、植木屋の所在地が記されている。

下谷広小路（上野広小路）の西側を、不忍池《しのばずのいけ》の端ということから、当時は「池之端」と呼んでいたのは、中央区八重洲二丁目・京橋二丁目付近に「火除地《ひよけち》」として設けられた広い通りを指している。（『東京都の地名』）。現在の台東区上野公園・上野四丁目に当たっている。「京橋長崎町広小路」というただし、ここは元禄三年に廃止された（『増訂武江年表』）。「下谷池のばた」も「京橋長崎町広小路」も道路ということになるので、この二ヵ所の植木屋は路上に仮設店舗を営んでいたことになる。

「神明前三島町」は、当時の文書に「芝神明前三島町」と書いたものが多いから、「神明」というの

は、現在も港区芝大門一丁目に存在している芝大神宮のことになる。増上寺東側の神明神社の参道に、植木屋の仮設店舗が並んでいたと考えられる。「駒込そめ井」は、のちに植木で有名になる染井（豊島区駒込）を指している（図1-1）。「四谷伝馬町」は現在の新宿区四谷一―三丁目に当るのだが、ここに居住して植木屋が店を営んでいたのか、それとも路上の仮設店舗なのか、よくわからない。

下谷池の端や京橋長崎町広小路のような繁華街の路上、あるいは三島町神明前のように神社の参道に、植木屋の店舗が出されていることが多かったようだ。四谷伝馬町のことは詳細がわからないので、植木屋の植溜《うえだめ》で樹木が育成・販売されていたのが確実なのは、染井だけということになる。

染井の伊藤伊兵衛

享保四年（一七一九）の序を持つ『東都紀行』に、染井の植木屋伊藤伊兵衛のことが出ている。

杜鵑花《サツキ》今さかりの家有。是なん躑躅《つつじ》や猪兵衛《いへえ》とて、江北（江戸の北部）の木商なり。其初めは藤堂大学頭高久《かみ》の露除《つゆよけ》の男成《なり》しに、大学頭草花の類当座に（花の時期に合わせて）移し持たせ、花過れば悉《ことごと》くぬき捨させけるをば、此伊兵衛植ためけるにより、次第〳〵にきり島つゝじ、百椿、

図1－1●染井の植木屋（二代歌川広重「江戸名膳図会　染井」千葉県立中央博物館蔵）

> 杜芍（カキツバタ）、さらぬ（それ以外の）花の木、百竹、百楓、百桜などと、すけば《（ママ）》あつまる所成べし。

伊兵衛は藤堂高久に仕えて、草木に露よけの覆《おお》いをする仕事をしていたが、命じられて草花の移植もするようになった。花時が過ればすべて抜き捨てていたものを植え溜めて、伊兵衛は多くの草花や樹木を栽培するようになり、植木屋業は繁盛したという。

藤堂家が染井の下屋敷を拝領したのは万治元年（一六五八）で、この年に初代伊兵衛は亡くなっているので、『東都紀行』の伊兵衛というのはその子孫ということになる。西福寺（豊島区駒込）の『過去帳』からすると、二代目あるいは三代目と見られる享保四年（一七一九）に亡くなった人物に該当するようだ。刊行された本の年代からすると、元禄八年（一六九五）の『花壇地錦抄《ちきんしょう》』の編著者「三之丞」ではないかと推測されている（川添登・菊池勇夫『植木の里』）。

『江戸砂子』（享保二十年）は、キリシマツツジの伝来について次のように述べている。

霧島は薩摩国霧島山の産木なれば此名あり。正保年中（一六四四—一六四七）薩州より大坂へ一本来る。取木にわけて大坂より五本京都に登る。［略］残る三種は明暦二申《さる》年（一六五六）武江染井に下す。それが接木指枝《さしえだ》として数品にわかりて諸州に植る。

このことが伊兵衛と染井をツツジで有名にするわけだが、明暦二年にキリシマツツジを受け取ったのが初代伊兵衛だったとすれば、初代は既に江戸では著名な植木屋で、藤堂家に出入りする以前の三之丞も少しは経験を積んでいたことになる。

3　江戸中期の植木屋

染井の繁盛

享保十二年（一七二七）三月二十一日に、将軍吉宗の息子の家重《いえしげ》が染井を訪れている（『徳川実紀』）。伊藤伊兵衛（三之丞の息子政武）の所で買い上げた樹木は、『新編武蔵風土記稿（十九）』によれば二九種で、それは次のものだった。

霧島二、阿蘭陀《おらんだ》躑躅一、接分楓《つぎわけ》三、草花籠植《かごうえ》十七、野田藤二、白山吹一、山杏二、桜川躑躅一

政武は「三星岩蘭・野田藤・唐橘」を各一株献上している。「阿蘭陀躑躅」のような外来種や「桜川躑躅・三星岩蘭」などの珍しい品種を、政武は栽培していたことがわかる。

同書によると歴代の将軍たちは、しばしば伊兵衛以外の染井の植木屋も訪れている（図1-2）。八代吉宗は享保十三年三月に、花屋紋三郎・七郎右衛門・次郎兵衛の所に寄っている。九代家重《いえしげ》は宝暦四年（一七五四）二月に小右衛門・重兵衛、宝暦六年二月に源右衛門を訪れ、十代家治《いえはる》は安永八年

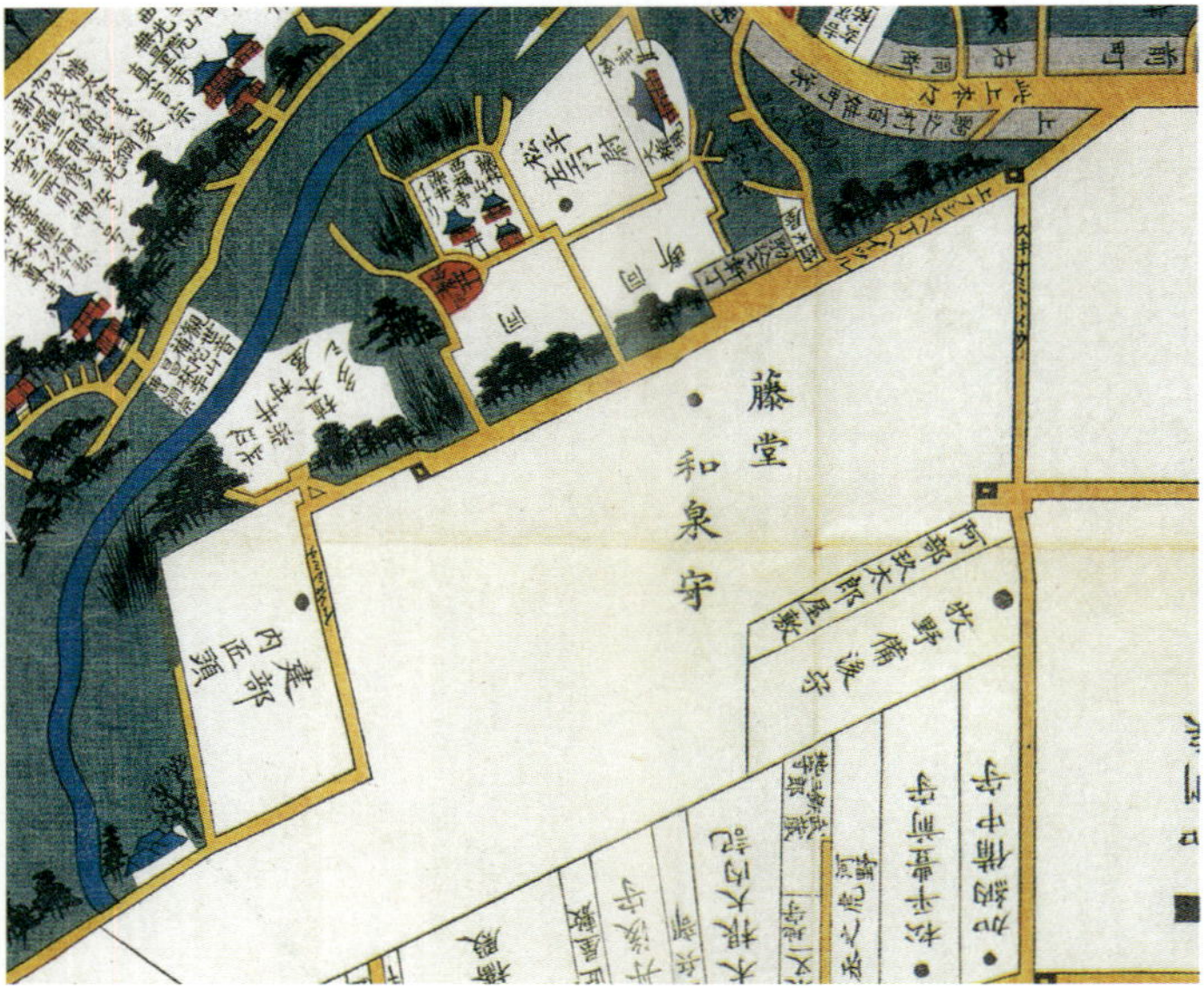

図1−2●染井の植木屋の位置（尾張屋版切絵図「染井王子巣鴨辺絵図」嘉永7年［1854］）

（一七七九）五月に八左衛門、天明三年（一七八三）二月に清五郎、同三月に忠五郎の店に立ち寄っている。

十一代家斉《いえなり》もかなり熱心で、天明七年に五三郎、翌八年に次兵衛、寛政五年（一七九三）二月に茂右衛門、同十年一月に七郎左衛門、翌十一年に与兵衛を訪れている。さらに文化元年（一八〇四）九月に太郎吉、同七年に太右衛門・次左衛門、文政二年（一八一九）九月に喜八、同七年九月に庄次郎の店に寄っている。将軍たちにとっても、花が美しい春先あるいは紅葉やキクが楽しめる秋に、染井の植木屋を遊覧することは気分転換になったのだろう。

『宴遊日記』の植木屋と花屋

柳沢吉保の孫の柳沢信鴻《のぶとき》（一七二四―一七九二）は、隠居して六義園に住み、安永二年から天明四年（一七八四）まで日々のことを詳細に綴った『宴遊日記』を残している。六義園内に植栽した植物をどこで入手していたかを見ると、当時の江戸の植木屋・花屋の分布とその売買の状況を知ることができる（飛田「江戸の植木屋と花屋」『長岡造形大学研究紀要［五］』）。

江戸には植木屋あるいは花屋が、動坂・湯島・千駄木《せんだぎ》（以上文京区）や広小路・六阿弥陀・首振坂（以上台東区）に多く、そのほかでは染井（豊島区）・太神宮（中央区）・飯倉（港区）・不動坂（目黒区）・新屋敷（千代田区）、松平越後守の下屋敷前（新宿区）や中里村（北区）、横川町から源兵衛橋の間（墨田区）などに存在していたことがわかる。

浅草寺（台東区）や湯島天神などでは参拝客を相手に、また上野周辺では、寛永寺をはじめとする寺社の参拝客や不忍池に集まる行楽客を対象に、植木屋・花屋が仮設店舗を開いていた。湯島天神付近の花屋や浅草寺前の広小路の植木屋は、人が集まる火除地だった大通りで、植木市の日に店を出していた（写真1-1）。六阿弥陀・太神宮前・薬研堀不動尊（中央区）・金毘羅権現社（目黒区）などの

写真1－1●湯島天神の鳥居と社殿

店も、参拝客を見込んでの仮設店舗だったと考えられる。

一方、駒込・動坂・千駄木・根津・本郷の一帯や巣鴨周辺では、土地を持った植木屋・花屋が常設の店を営んでいた（図1－3）。常設の店舗を構えていて、植木を仮植えしておく植溜あるいは庭園を所有していたのが明確なのは、動坂の花屋や鰻堤（文京区）の植木屋、谷中首振坂の宇平次、染井の花屋伊兵衛、飯倉の植木屋で、「室《むろ》（温室）」を持った千駄木の植木屋も土地を所有していただろう。土地を持っていたことからすると、植木屋・花屋は当初は農家だったのではないだろうか。

信鴻が植木屋・花屋から購入した樹木・草花としては、表1－1のものがあった。

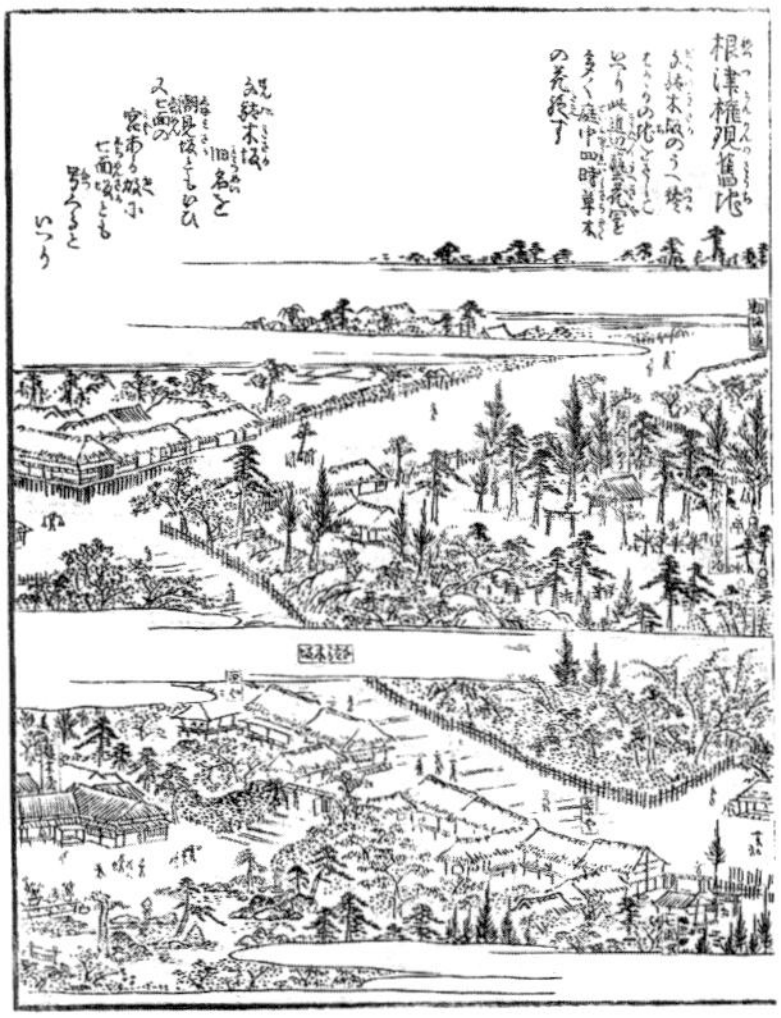

図1－3●千駄木団子坂の植木屋（『江戸名所図会［5］』）

江戸の植木屋と花屋では、多くの種類の樹木・草花を販売していたことがわかる。信鴻が購入した常緑針葉樹の種類は少ないが、マツはよく探したり買ったりしている。落葉広葉樹は種類が多く、ウメは「豊後梅・紅梅・うす紅小梅・西王梅」、カエデは「毛氈楓樹・千汐楓・八入楓」、サクラは「彼岸桜・大膳桜・虎尾桜」といった品種を購入している。草本類は意外と種類が多く、キクとユリには特に興味を持ったのか、「小菊・白菊・薩摩菊・黄菊・中菊」、「黒百合・為朝百合・姫百合」といった品種を入手している。

　植木屋と花屋はさまざまな樹木・草花を並べ、多くの品種をそろえていたことは、江戸時代の園芸文化の水準の高さを

表1－1●柳沢信鴻が植木屋・花屋で購入した植物（『宴遊日記』より）

区　分	植　　　物　　　名
《木本類》	
常緑針葉樹	伽羅木（キャラボク）・槙・松〈棒松〉
常緑広葉樹	樫（カシ）・白実唐橘（カラタチバナの一種）・山茶花（サザンカ）・南天（ナンテン）・柊（ヒイラギ）〈柊棒木〉・万年青樹（ヒメツゲ）・木樨〈桂花〉（モクセイ）・もちの樹〈もち〉（モチノキ）・八ツ手（ヤツデ）・杜鵑花（サツキツツジ）
落葉広葉樹	紫陽花（アジサイ）・梅［梅棒木・豊後梅・紅梅・うす紅小梅・西王梅］・海棠（カイドウ）・楓［毛氈楓樹・千汐楓・八入楓］・棒桐（枝を切ったキリ）・桜［彼岸桜・大膳桜・虎尾桜］・下野花（シモツケ）・どふだん躑躅（ドウダンツツジ）・棘（バラ）・宮城野萩・藤樹（フジ）・牡丹・桃
《タケ類》	寒竹（カンチク）
《草本類》	姫菖蒲（アヤメの一種）・岩檜〈岩檜葉〉（イワヒバ）・おもと・燕子華（カキツバタ）・蒲の花（ガマ）・桔梗（キキョウ）・菊［小菊・白菊・薩摩菊・黄菊・中菊］・細辛（サイシン）・石菖（セキショウ）・石竹（セキチク）・白仙翁花〈白仙翁〉（センノウの一種）・鉄仙花〈鉄せん花〉（テッセン）・番椒（トウガラシ）・花菖蒲（ハナショウブ）・万年青草（ハラン）・福寿草（フクジュソウ）・百合［黒百合・為朝百合・姫百合］

示しているといえる。信鴻が庭つくりを楽しんだのは、そうした時代の流れの中でだった。

現代では植木屋は樹木、花屋は草花を販売しているという違いがあるのだが、信鴻が購入したり見たりした植物を比較してみると、植木屋と花屋の区別は不可能に近い。千駄木の植木屋がクロユリやサイシンのような草花まで販売している一方で、動坂の花屋は植溜も持っていて、花屋治衛門などはマツまで売ったりしている。売れるものは何でも売るというたくましさから、植木屋も花屋も扱う種類が増加していき、互いの領分を侵食していったようだ。

4 江戸後期の植木屋

貧農の副業から発展した高田の植木屋集団

『増訂武江年表』の嘉永五年（一八五二）九月十日の条に、「暁《あかつき》、青山六道の辺植木屋五軒程焼くる」とある。また、安政六年（一八五九）二月二十二日の条に、「高田馬場手前植木屋一円、料理屋の側残る」とあるから、青山（港区）や高田馬場（新宿区）には植木屋がまとまって存在していたらしい。

下戸塚村を中心とする高田の植木屋集団を動かしていたのは、名主《なぬし》の松村与五右衛門、年寄の植木屋仁右衛門と植木屋松村久左衛門だった。仁右衛門については『名園記』（『東京市史稿』遊園篇三所収、以下『東京市』遊園三と略す）に、将軍に気に入られて日光参拝の供をしたほどだと記されている。天保十一年（一八四〇）十一月十三日に将軍家慶《いえよし》の後継者家定が、高田の植木屋を見物する「通り抜け」を行なっている。訪れた植木屋は長左衛門・清五郎・十兵衛・兼蔵・乙右衛門・市右衛門・治郎兵衛・五兵衛・弥三郎・源兵衛・仁右衛門だった。

土地所有面積を記した天保十年の『下戸塚村高反別御取箇帳《たかたんべつおんとりかためちょう》』によると、田は八町《ちょう》七反《たん》三畝《せ》一六歩《ぶ》（二万六二〇六坪）で全面積の一八パーセント、畑は一一町三反一一歩（三万三九一一坪）で全面積の二三パーセントだったのに対して、武家屋敷は二〇町八反五畝（六万二五五〇坪）で全面積の四二パーセントというように、耕地とほぼ同面積を占めていた。最大の尾張殿抱添《かかえそえ》屋敷が六町五反八畝八歩（一万九七四八坪）という広大さだったのに較べて、名主の松村与五右衛門所有の農地は、田畑合わせて四反九畝六歩（一四七六坪）という少なさだった。名主でもこの程度の田畑しか持ってなかったのだから、下層の農民が所有する田畑はさらに少なかったことになる。こうした状況から高田の植木屋集団は、武家地に圧迫されて小面積の農地しか持てない貧農の副業から発展したものだったと推測されている（苅住昇「植木屋松村久左衛門とその時代」『グリーン・エージ』［三七七―三八〇］）。

巣鴨のキク作り

文化十一年（一八一四）の『遊歴雑記（二上二十七）』に、

巣鴨通花壇造りの菊のはなは、元文《げんぶん》・寛保《かんぽう》年間の頃より土地の植木屋の家々に造り初《そめ》しかど、僅《わず》か七八軒に過ず。その頃は花壇作りにして菊の根を行儀に植ならべ［略］。

とある。巣鴨（豊島区）では当初、元文・寛保頃（一七三六―一七四三）には、花壇でキクの苗を並べて育成していたらしく、七、八軒が栽培しているにすぎなかったという。

だが、安永五年（一七七六）の『四時《しいじ》遊観録』（三田村鳶魚編『江戸年中行事』）に、

菊　立冬四、五日目　巣鴨、本所、渋谷
巣鴨を当時第一とす、尤《もっとも》植木屋園中也。所は加賀守殿中屋敷の前。

とあるように、巣鴨の植木屋が江戸で一番のキクの生産・販売地になっている。植木屋は巣鴨の前田家中屋敷の前面、「道法《みちのり》十余町（約一キロメートル）」にわたって並んでいたという。保坂四郎右衛門・斎田《さいだ》弥三郎と植木屋の八五郎・佐太郎・市左衛門・佐兵衛の六軒が、キクを栽培していた。

文政十年（一八二七）の『江戸名所花暦（三）』では、「巣鴨　植木屋所々にあり。文化のはじめの頃、菊にて作り物を工夫せしなり」と、キクの造り物の出現が記されている。『宝暦現来集（七）』（『近世風俗見聞集』三）によると、一本のキクの枝に花を三〇〇輪も付けたものがあったことから、孔雀・鳳凰などをかたどるようになったらしい。かなりの見ものだったようで、見物人も群集するほ

どだった。そこで家ごとに見物客相手に、茶店を出すようになった。しかし、四、五〇軒が同じような造り物をしたために、誰も茶を飲まず茶代にもならなくなり、数多く作ることはやめてしまったという。

天保の改革（一八四一—一八四三）で奢侈《しやし》を理由に菊人形を禁じたこともあって、花壇で花数が多いキクを念入りにつくるように変化していく。万延元年（一八六〇）の『江戸自慢』には、次のように述べられている（『豊島区市』資料編三）。

巣鴨染井植木屋菊は、いはゆる巣鴨作りとて、一本に花の数二三百もつき、いづれも大小なく揃《そろ》ひて珍らか［略］。

一本のキクに二〇〇も三〇〇も花が咲くように改良を重ねたのは、菊人形作りの伝統に沿っているわけだが、禁止されたことから華麗な花作りを目指したようだ。

三河島の伊藤七郎兵衛

寛政七年（一七九五）に提出された、三河島村（荒川区）の名主書上調書の「総家数並に商売家其外書上帳」には、三河島村で植木を販売していた者として、七郎兵衛・安兵衛・紋右衛門・徳右衛門・久兵衛・幸次郎・惣八・権四郎・留次郎・仁左衛門・新介・源三郎・伊右衛門などの名が挙がっている。慶応二年（一八六六）の「分間江戸大絵図」に、浄正寺の西側に「此辺植木屋多し」と記されているので、彼らが居住して店を開いていた場所はこの付近と考えられている（『新修荒川区史』上）。

三河島では江戸中期頃から屋敷の空地に植溜を作って、副業として植木栽培を行なう者が急増した。根岸の別荘地に近いことや、十一代将軍家斉が非常に植木を好んだことが影響して、大名諸侯も庭普請に熱心になったことがその理由らしい。中でも七郎兵衛は将軍家出入の植木屋になって、苗字帯刀を許されて、伊藤と名乗っている。最盛期の文化・文政年間（一八〇四―一八二九）には、職人一〇〇余名と番頭一〇余名を抱かえ、奉公人は三〇〇余名に及んだという。七郎兵衛の潮入りの池がある一二〇〇坪の庭園には、燈籠五〇余基、庭石六〇〇〇余個、井筒三ヵ所が配置されていたというから、「一万石の格式がありと取沙汰された」というのも大袈裟《おおげさ》ではないだろう。

七郎兵衛は九段（千代田区）の斎藤彦兵衛や向島（墨田区）の萩原平作と並んで、江戸三大植木師の一人に数えられていたという。文政八年（一八二五）には、沼津藩主水野忠成の屋敷（台東区浅草橋）の庭園をつくっているが、ここは明治には浩養園と呼ばれている（写真1-2）。嘉永六年（一八五三）に七郎兵衛は御台場築造を命じられたが、人足集めで非常な損害を被り、明治には家屋敷を手放すに至っている。

写真1−2●新潟まで転売された浩養園の石造品（新潟市旧斎藤邸内）

七郎兵衛が所有していた土地は、寛延三年（一七五〇）では畑一畝六歩（三六坪）と屋敷一畝二一歩（五一坪）だったが、明治初年（一八六八）には造園業に使用している土地が一町八反五畝一三歩（五五六三坪）、田が一町七反七畝六歩（五三一六坪）、畑が二反八畝二五歩（八六五坪）になっている。植木屋としての事業を拡大するとともに、土地を集積していって小作に耕作させ収穫高を増大させるという地主としての性格を、一方で七郎兵衛は持っていたことになる（『荒川区史』上）。

滝沢馬琴邸の植木屋

作家滝沢馬琴（一七六七―一八四八）は、

神田同朋町《どうぼうまち》（千代田区外神田）に住んでいた（『真山青果全集』十七）。『馬琴日記』には自宅の庭園の手入れのことを詳しく書いているので、町屋に出入りしていた植木屋の様子がわかる。馬琴は植物に興味を持っていただけでなく、買ってきた植木を植えたり庭木を移植したりすることが、好きでたまらないという性格だった。植木屋へも注文が多かったから、彼らも大変だっただろう（飛田『日本庭園の植栽史』）。

天保二年（一八三二）七月二十二日には、十時前に植木屋治左衛門とその弟の金次が来ている。治左衛門の息子の鉄は、用事があって他へ廻って遅くにやって来た。

先《まず》ぶだう棚の損じ、丈夫に繕《つくろわ》せ、且《かつ》、北の方樹木伐込み、小草抜とり掃除にて、終日也。

ブドウ棚の修繕と北側の樹木の刈り込み、それに雑草抜きが一日の彼らの仕事だった。しかし、それだけでは済まなかった。馬琴は治左衛門に、六月から大きい方のリンゴの木に虫がついて幹に穴を開けていると訴え、駆除させている。「小管を以て、塩水吹入させ候へ共、とまらず、なほ木粉出る」という結末に終わっているから、失敗だったのだろう。

几帳面《きちょうめん》だった馬琴は、一日の植木屋の労賃まで細かく書き残している。「両日分拾四匁《もんめ》、但、倅《せがれ》鉄は手伝見習に付、一日壱匁也」とあるが、弟の分も含まれているので、一人前の植木屋の賃金は一人一日三匁だったことになる。小判一両を六〇匁とすると、二〇日働いて一両になるので、植木屋の一ヵ月の収入は一両を超えていただろう。

時代の先を読んだ植木屋

江戸末期になると、植木屋の活動が盛んになっている。『増訂武江年表』によると、安政元年（一八五四）秋に千駄木（文京区）藪下の植木屋に滝が作られている。また、『巷街贅説《こうがいぜいせつ》（六）』（『近世風俗見聞集』四）によると、浅草観音（台東区）の伝法院の裏手で、嘉永三年（一八五〇）頃から大木を掘り起こして平地にして、ウメ・サクラ・カエデなどを植え込み、四季の草花を植え添えている。嘉永五年の春より見物人も来るようになったので、さらに庭園をよいものにして茶屋も風流に四、五ヵ所建て、秋にはキクの花を作ったので、行楽客が多く集ったという。このことを計画したのは「谷中《やなか》団子坂なる植木屋何某にして、御庭師植木の御用達《ごようたし》、三河島なる植木や七郎兵衛が発願」だったという。

また、『増訂武江年表』の嘉永五年二月十九日の条には、千駄木の七面坂下の植木屋宇平次という旧家が、紫泉亭という梅園を開き、季節ごとの花を植えて盆栽の草木を育てていたが、崖のほとりに茶亭を設けたところ、眺望もよかったことから多くの人の遊観の場所となって、日毎に訪れる人が増えたとある（図1-4）。

その一方、浅草寺奥山では、嘉永五年の春頃から北西隅の林内の高木を切り、ウメを数株植えてさ

図1-4●千駄木団子坂の紫泉亭（『絵本江戸土産［7］』）

らに四季の草木を植え、池を掘って趣きをつくり出し、所々に小亭を設けたという。これは「千駄木植木屋六三郎（森田氏）の発起」だった。

自分の植木店に滝を作ったり庭園を設けたり、あるいは梅園を開いたり歓楽地に茶屋を建てたりして、行楽客を集めることを植木屋たちは始めている。大名が資金的に行き詰って悩んでいたことから、お出入りの植木屋になるよりも貯めた資金を元手にして、自分で積極的に商売することを望んだのではないだろうか。植木屋たちは時代の先を読んでいたように思える。

5 樹木・草花の生産地

葛西・堀切での草花栽培

植木屋や花屋はいったいどこから、樹木や草花を得ていたのだろうか。『江戸名所図会《ずえ》（七）』は葛《か》西《さい》の辺《あたり》（葛飾区）のことについて、次のように述べている（図1-5）。

人家の後園あるは圃畦《ほけい》にも、悉《ことごと》く四季の草花を栽並《うえなみ》はべるがゆえに、芳香常に馥郁《ふくいく》たり。土人開花の時を待得てこれを刈取、大江戸の市街《いちまち》なる花戸（花屋）に出して鬻《ひさぐ》事もつとも夥《おびただ》し。

葛西あたりでは農家の裏庭や畑で四季の草花を栽培していたので、芳香が常に漂っていたという。開花の時期にはこれを切り取って江戸市中の花屋に出し、かなりの収入を得ていたらしい。

しかし、西葛西領堀切村（葛飾区堀切）での草花栽培を抑えるようにと、役所からは警告が出されている（『増補葛飾区史』上）。弘化三年（一八四六）年五月九日に、堀切村の百姓伊左衛門と村役人惣《そう》代《だい》の年寄佐左衛門が役所へ差し出した誓約書には、

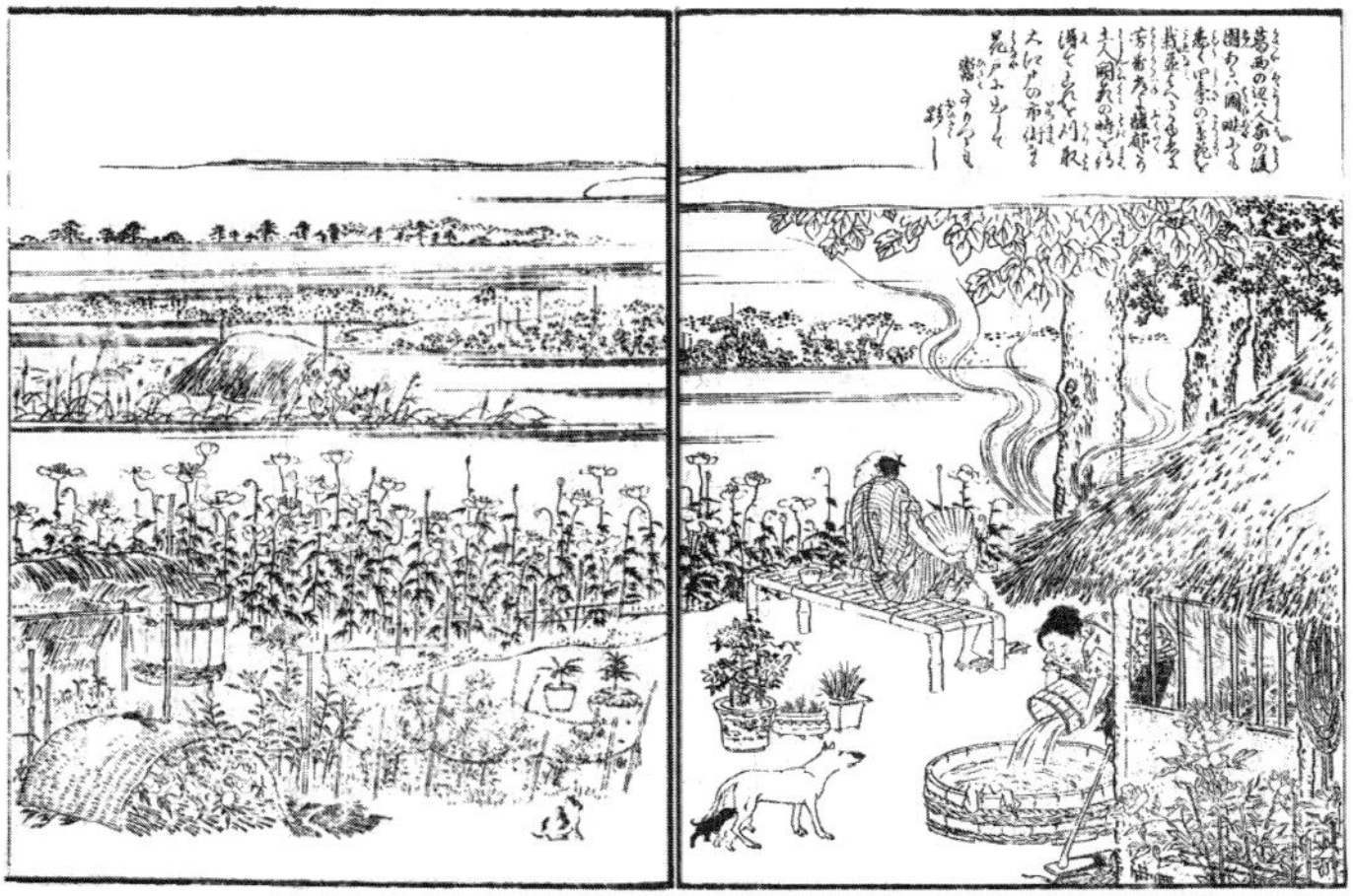

図1-5●葛西での草花栽培（『江戸名所図会［7］』）

私儀、農間に草花商ひ渡世仕《つかまつ》り来し候処、近頃草花見物のもの多く集る趣き御聴き及ばされ、今般召し出さる有り。

とある。農業の合間に草花を商って来たところ、草花を見物する者が多く集まっていることを役所が聞き知って、呼び出されたらしい。

これからは草花作りはあまり大げさにせず、なるたけ穀物を作るように心掛けると反省を述べ、酒・食事を提供することは勿論、茶・水などの販売も一切しないと伊左衛門は誓っている。天保十二年（一八四一）から同十四年の天保の改革以後も、幕府は贅沢を禁止する政策をとり、草花の大々的な栽培をやめさせるなど、農村にも影響を与えていたことがわかる。

しかし、幕府側にも政策上の変動はあった。田沼意次《おきつぐ》は明和四年（一七六七）から天明六年（一七八六）にかけて、幕府財政の強化のために座の新設と「株仲間《かぶなかま》」の公認によって税収入の増加をはかっていた。同じ業種の者が寄り集まって商売の仕方について取り決めをして、他の人間が参入してくるのを防ぐというのが株仲間だった。賄賂《わいろ》政治へと転化したために意次は失脚したが、株仲間制度は継続していった。

嘉永七年（安政元、一八五四）六月に「草花伐り出し売り売仲間規定」を、表青戸・西青戸・堀切・渋江・亀有・四ツ木・小合（以上葛飾区）、柳原・請地《うけじ》・押上・木ノ下・小梅（以上墨田区）、小岩・大杉（以上江戸川区）、大谷田村（足立区）の農民が取り決めている（前掲『増補葛飾区史』）。掘切村の農民たちは、みごとに株仲間結成に成功したことになる。

草花作り付け、農業の間伐り出し、銘々取り続け助成をなし、毎朝東両国の花市場におゐて、売々（売買）に致し候［略］。

と書かれているから、農業の合間に草花を栽培して、毎朝、東両国の花市場の競《せ》りに出していたようだ。規定に背いて仲間内で差し障りのあることが生じたならば、責任者に申し出てもらい皆で評議して解決しようと申し合わせている点などは、組合としての性格をよく示している。

6 植木屋を育てた「江戸という風土」

江戸の植木屋の歴史を見ていくと、江戸城には作庭を専門にする係りがいたが、大名屋敷の庭園をつくり続けた民間人が植木屋として成長して、江戸前期にすでに江戸城にも出入りしている。後期になると、本丸大奥での作庭や樹木の剪定や花壇作りなどを、「団子坂、入谷《いりや》、巣鴨の三ケ所より各二人宛《ずつ》」が担当するというように、民間の植木屋の方が技術的に上になっている（永島今四郎・太田贇雄編『新装版　定本江戸城大奥』）。

江戸前期から、下谷池の端・京橋長崎町広小路・三島町神明前などの繁華街に、植木屋が仮設店舗を出して植木を売っていたが、本格的に植溜を持ち植木を栽培しながら販売していたのが染井の植木屋だった。中でも伊藤伊兵衛（三之丞）は藤堂家の屋敷に出入りしていたことから、珍しい花木・草花を入手できたこともあって、多くの園芸品種を育成・販売したことで有名になっている。息子の政武の時代には『草花絵前集』（元禄十二年［一六九九］）、『増補地錦抄《ちきんしょう》』（宝永七年［一七一〇］）、『広益地錦抄』（享保四年［一七一九］）などを出版したからか、将軍吉宗とのつながりもできて繁盛している。

江戸中期の植木屋・花屋については、大名の隠居だった柳沢信鴻の日記から、動坂・湯島・千駄木・広小路・六阿弥陀・首振坂などで、植木・草花の販売をしていたことがわかる。仮設店舗だった所もあるが、土地を持っていて植溜をつくっていた店が幾軒もあることからすると、農家だったが副業として植木屋・花屋を始めた者が多かったと考えられる。

江戸後期になると、高田・巣鴨・三河島などで大きな植木屋集団が生まれている。高田の場合は武家地の侵入で小面積の農地しか持てなくなったために植木屋を始めているが、三河島の場合は植木屋で得た収入で農地を買い集めて、農業経営も行なって財力を蓄えて成功している。巣鴨はキク作りを工夫して見物客を集めることで、販売収入を得ていたという違いがある。将軍家や大名の庭園つくりという上からの要因と、困窮の中の副業や行楽客に植木を販売することで発展させたという、いわば下からの要因との両方が、江戸の植木屋を育てたと言えるように思う。それが江戸の持つ社会的風土だったのではないだろうか。

滝沢馬琴の日記からは町屋の植木屋が、一月で一両を超える収入を得ていたことがわかる。幕末にはさらに収入を増やそうとして、植木屋としての技能を生かしながら、庭園をつくり茶屋を建てるなどの新商売を始める者も出現している。樹木・草花の生産をみると、堀切村などで「草花伐り出し売り売り仲間規定」が制定され、農村地帯での草花の生産販売が一層促進されている。明治維新という政治的変革以前に、商品経済の波は農村地帯も巻き込んでいたことになる。

江戸の植木屋が樹木・草花などの材料を提供した庭園や、彼らがつくった庭園は実際にはどのようなものだったのだろうか。将軍・大名・旗本・御家人などの武士階級の庭園、あるいは宗教が関連する寺院・神社の庭園、当時は低く見られていた農民・町人の庭園を、それぞれ見ていくことにしよう。

第2章　将軍の庭園——江戸城本丸・西の丸・二の丸

1　江戸城の庭園

現在は皇居になっている江戸城にも庭園が存在していたのだが、それはどのようなものだったのだろうか。幕府が編纂した『徳川実紀』（以下『実紀』と略す）と続編の『続徳川実紀』（以下『続実紀』）、あるいは残された建築関係の図面から探すと、江戸城内には、本丸・二の丸・西の丸・吹上などに庭園があったことがわかる（平井聖監修・伊東龍一編集『江戸城Ⅰ〈城郭〉』、伊東龍一ほか『江戸城』）。『実紀』『続実紀』については、引用を示すと煩雑になるため、第2章・第3章では必要な場合を除いて出典名を省くことにしたい。

各曲輪の面積が庭園の規模を限定しているので、最初に比較してみよう。堀部分を除くと、最終的には本丸の面積は〇・一三平方キロメートル、二の丸と三の丸が〇・〇七平方キロメートル、西の丸が〇・二四平方キロメートル、吹上が〇・四九平方キロメートルだった。北の丸が〇・二三平方キロメートルだから、全体では一・二三平方キロメート（一二三ヘクタール、約三七万坪）になっていた（『江戸東京学事典』）。

江戸時代の城郭は、名古屋城や二条城のように本丸は小さく二の丸が大きい場合もあるのだが、江戸城は将軍が居住し政治を行なった本丸が、ほぼ二の丸・三の丸を合わせた大きさだった。本丸の特色とは、将軍が全国の大名を集めて政治を執行するために、巨大な表御殿が建てられたということだろう。また、将軍が憩うための立派な中御殿や、将軍が夫人や側室とともに起居する大規模な奥御殿、すなわち「大奥」が建設された。これらの御殿にはさまざまな用途の部屋があり、迷路のような配置になっていた。

江戸城が他の城郭と異なるのは、西の丸を構築したことだった。家康は将軍職を息子の秀忠に譲った後も、豊臣氏を滅ぼすことが最大の課題だったことから、最高の実力者として江戸城に君臨していた。そのための隠居所が西の丸であり、そこには本丸と同様に、老中・若年寄などの役職が置かれ、夫人たちを住まわせる大奥も建てられた。居所は将軍と同等以上にすることが、政治的にも重要だったからだろう。西の丸は家康をまつった紅葉山や庭園がつくられた山里を含むため、面積は本丸の二倍に近いという特殊なものになっていた（図2-1）。

2　本丸の庭園

家康・二代秀忠の時代

将軍が居住していた場所が本丸だった（写真2-1、表2-1）。本丸には表御殿と中御殿（中奥）・奥御殿（大奥）が存在していたが、これらの御殿は老朽化や焼失でしばしば改築されている。庭園は、公式の場所だった表御殿の黒書院、将軍が憩う中奥・大奥の御座の間、女性たちが住む大奥に存在していた。

家康が天正十八年（一五九〇）に江戸城に入城した際には、北条氏時代の建物をそのまま利用したようだ。文禄元年（一五九二）になって城内の建物の大規模な修築が行なわれているので、本丸御殿や庭園も改築されたと考えられるのだが、史料は残っていない。

写真2−1●江戸城本丸跡と天守台

関が原の戦いが終わった慶長十一年（一六〇六）に本丸御殿が建設され（「慶長度御殿」）、翌十二年には天守が造立されている。おそらくこれは、秀忠が二代将軍になったことに関連しているのだろう。戦争の時代だったからといっても、御殿が建てられれば庭園が付随するだろうから、植栽を施した程度の簡単な庭園は存在していたと考えられる。

三代家光の時代

元和元年（一六一五）には豊臣氏が滅亡して、徳川氏は全国制覇を達成する。家光が三代将軍に就任することになったことや、大勢の大名を招集して協議することが多く

表2－1●徳川幕府の歴代将軍

代	名　前	諡	生　没　年	将軍在位
1	家康（いえやす）	安国院	天文11年（1542）— 元和 2年（1616）	慶長 8年（1603）— 慶長10年（1605）
2	秀忠（ひでただ）	台徳院	天正 7年（1579）— 寛永 9年（1632）	慶長10年（1605）— 元和 9年（1623）
3	家光（いえみつ）	大猷院	慶長 9年（1604）— 慶安 4年（1651）	元和 9年（1623）— 慶安 4年（1651）
4	家綱（いえつな）	厳有院	寛永18年（1641）— 延宝 8年（1680）	慶安 4年（1651）— 延宝 8年（1680）
5	綱吉（つなよし）	常憲院	正保 3年（1646）— 宝永 6年（1709）	延宝 8年（1680）— 宝永 6年（1709）
6	家宣（いえのぶ）	文昭院	寛文 2年（1662）— 正徳 2年（1712）	宝永 6年（1709）— 正徳 2年（1712）
7	家継（いえつぐ）	有章院	宝永 6年（1709）— 享保 元年（1716）	正徳 3年（1713）— 享保 元年（1716）
8	吉宗（よしむね）	有徳院	貞享 元年（1684）— 宝暦 元年（1751）	享保 元年（1716）— 延享 2年（1745）
9	家重（いえしげ）	惇信院	正徳 元年（1711）— 宝暦11年（1761）	延享 2年（1745）— 宝暦10年（1760）
10	家治（いえはる）	浚明院	元文 2年（1737）— 天明 6年（1786）	宝暦10年（1760）— 天明 6年（1786）
11	家斉（いえなり）	文恭院	安永 2年（1773）— 天保12年（1841）	天明 7年（1787）— 天保 8年（1837）
12	家慶（いえよし）	慎徳院	寛政 5年（1793）— 嘉永 6年（1853）	天保 8年（1837）— 嘉永 6年（1853）
13	家定（いえさだ）	温恭院	文政 7年（1824）— 安政 5年（1858）	嘉永 6年（1853）— 安政 5年（1858）
14	家茂（いえもち）	昭徳院	弘化 3年（1846）— 慶応 2年（1866）	安政 5年（1858）— 慶応 2年（1866）
15	慶喜（よしのぶ）		天保 8年（1837）— 大正 2年（1913）	慶応 2年（1866）— 慶応 3年（1867）

なったためか、本丸を北に拡張して天守を再建するとともに、元和八年に本丸御殿を建造している（「元和度御殿」）。この元和度御殿から庭園の記録が見られるようになる。寛永四年（一六二七）二月二十七日に秀忠・家光・駿河大納言忠長・水戸中納言頼房は天守台の下から「花圃《かほ》」を巡覧している。天守台近くに花壇が存在したということだろうか。

『柳営日次記《りゅうえいひなみき》』（『東京市史稿〔皇城篇第二〕』、以下『東京市〔皇城二〕』と略す）によると、寛永五年六月三日に将軍家光のために、御座の間の庭に築山が設けられている。御座の間は大奥にも存在したが、築山をつくるほどの面積があったことからすると、中奥のことと考えられる。中奥の御座の間は将軍の居間だったが、執務する御殿でもあった。しかし、この庭を楽しむ間もなく翌七月十一日に大地震が起き、江戸城は石垣が崩れるなど大きな被害を受けた。寛永七年に地震対策として、本丸の御座所などの建物を少なくして、庭を広くすることが行なわれている（『細川家史料〔二〕』寛永七年十二月二十二日付書状）。おそらくこれは大奥部分のことだろう。

寛永十一年に西の丸が焼失して再建工事が行なわれたりしたためか、同十四年八月二十六日になって、ようやく本丸御殿の建設は完了している（「寛永十四年度御殿」）。寛永十五年に天守閣が現在の天守台の位置に再建されたが、同十六年八月十一日には御殿が焼失してしまう。再建工事を急いだらしく、翌十七年四月五日には本丸御殿が完成し、家光が西の丸から移っている（「寛永十七年度御殿」）。

図2−1●正徳４年（1714）頃の江戸城（『江戸御城之絵図』東京都立中央図書館蔵）

四代家綱の時代

家綱が四代将軍になったことと関係するのだろうか、承応元年（一六五二）三月十二日に御座所前に園池が設けられている。同月二十三日にはこの工事のために、紀州徳川家から「那智《なち》の石五百俵、大砂五十俵、躑躅《つつじ》数若干」が、尾張徳川家からは「小松」が献上されている。池の縁に黒い那智石を撒き、岸に小マツやツツジを植え、岸から御座所までの間には砂を敷き詰めたということだろう。資材の多さからすると、場所は中奥の御座所前だろうか。

だが、明暦三年（一六五七）一月十八・十九日に城下で起きた火災（「明暦《めいれき》の大火」）

のために、江戸城の天守と本丸御殿は焼失する。同年五月九日に本丸の造営工事は開始され、万治二年（一六五九）八月三日に竣工している（「万治度御殿」）。だが、「軍用に益なく、唯観望に備ふるのみなり。これがために人力を費《ついや》すべからず」ということで、天守閣の廃止が決定された（『寛政重修諸家譜』）。

寛文四年（一六六四）に二の丸に築山を造ったこと関連するのか、『柳営日次記』によれば翌五年六月三日に、御座の間の庭園にも築山が設けられている。かなりの面積だったことからすると、中奥の御座の間だろう。大田南畝《なんぽ》の『竹橋余筆』によれば、植栽されたサクラの品種は次のものだった（『東京市』皇城二）。

わしの尾・しほがま・とらの尾・うすぐも・ゑもん・こんのふ・うこん・くまがへ・大でうちん・こでまり・あさぎ・ぬのびき・きりがやつ・だいご・しやうこんし・やうきひ

サクラは合計七五本で、ほとんどが高さ三間（約五・四メートル）以上だったから、かなりの面積を占めていたことになる。このほかに植栽された植物は、記載されている寸法から二メートル以上のものを高木・中木、一メートル前後のものを低木として分類すると、次のようになる。

高木・中木　楓二二本・みづ木（ミズキ）五本・ごどう桐（梧桐、アオギリ）三本・ほうがしわ

（ホオノキ）三本・杉三〇本・いぶき（イブキ）一本・大まき二本・さゞん花五本・
もち一二本

低木　もみ一五本・もつこく一二本・山つゝじ三〇本・まき二本・くちなし一〇本・さつき一五株・なんてん七株・もち一三本・さゞん花一〇本・榊《さかき》五本・楸《ひさぎ》（キササゲ）一二本・山ぶき一五株

地被類　おもと三株・熊笹二三株

カエデもほとんど高さ三間だから、秋の紅葉を楽しめるように植えたと考えられる。スギは目隠しとして背後に植えたものだろうか。モミ・モッコク・モチノキの一メートルたらずのものは、おそらくまとめて植えて刈り込みにしたのだろう。サザンカ・モッコク・モチノキ・クチナシ・サカキなどの常緑広葉樹を、積極的に使うようになったのが江戸時代の傾向といえる（飛田『日本庭園の植栽史』）。

寛文十年八月三日に「御閣（御殿）、茶室」が完成しているが、庭園の係りだった「庭作《にわつくり》」にも褒《ほう》美《び》が与えられていることからすると、露地がつくられたようだ。『柳営日次記』はこれを大奥のこととしているのだが、延宝元年（一六七三）四月五日にも大奥の茶室が完成したことから、奉行を務めた留守居や小普請奉行・大工頭・庭作りなどが慰労されている。

こうした本丸庭園の変化は「江戸城御本丸御表御中奥御大奥総絵図」（東京都立中央図書館）（図2-

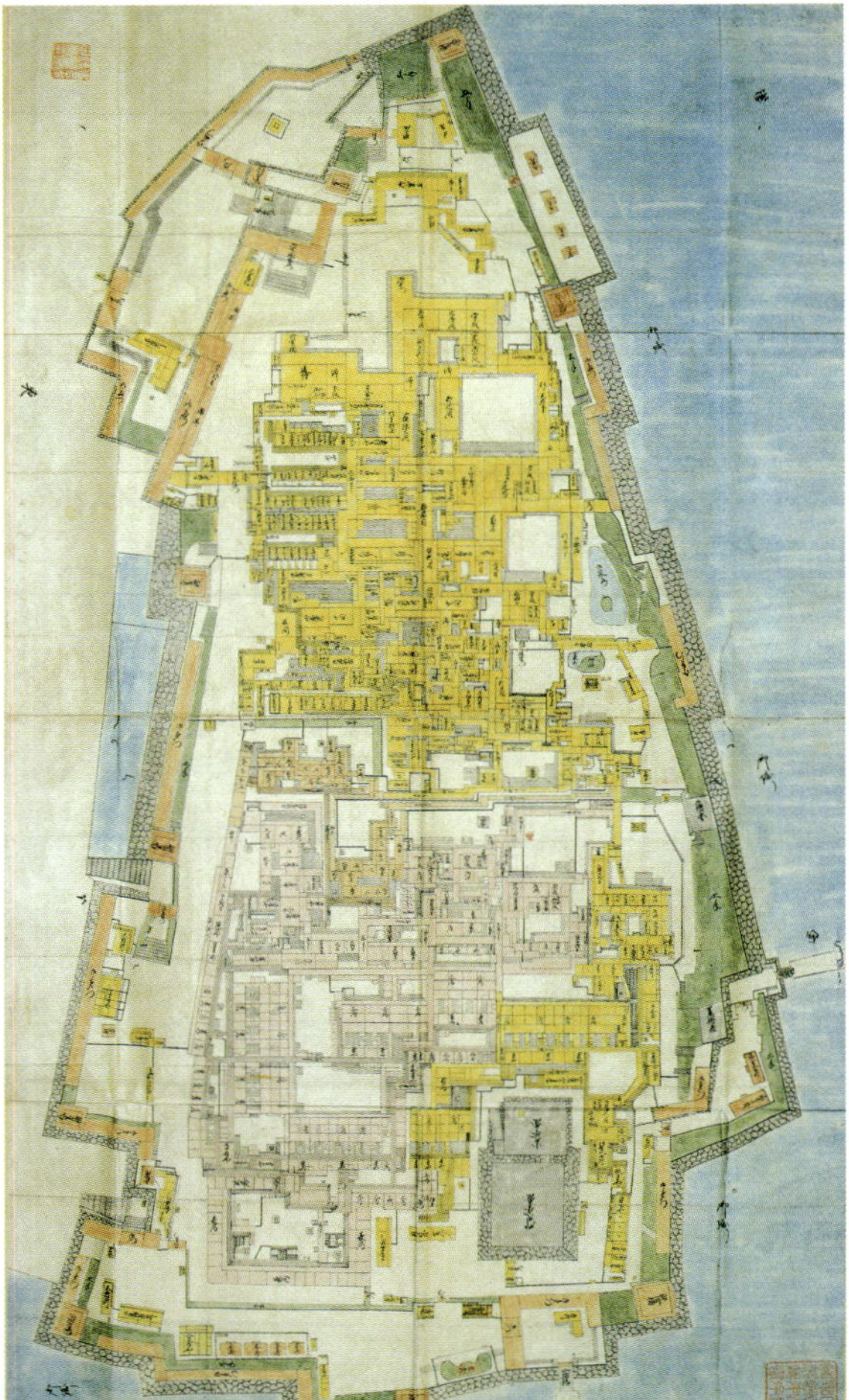

図2-2●万治2年（1659）造営の本丸御殿と園池（「江戸城御本丸御表御中奥御大奥総絵図」東京都立中央図書館蔵）

2）によって知ることができる。中奥の御座の間前に築山を持つ小規模な園池があり、その横の表向きの御殿として用いられていた黒書院前に、中島を持つ大規模な園池が設けられている（前掲『江戸城』）。

旗本たちの本丸庭園見学

五代綱吉から十代家治までは、なぜか本丸庭園に関連した史料は少なくなる。綱吉の将軍就任と関連してか、延宝八年（一六八〇）七月十三日に大奥の改修工事が行なわれている。植木奉行や庭作りなどに褒美が与えられていることからすると、庭園部分も改修したようだ（『柳営日次記』）。九代家重の時代には、『寛政呈譜』（『東京市』皇城二）によると延享四年（一七四七）八月二十五日に、大奥の舞台と庭園の工事がされている。

十一代家斉の時代になると、文政九年（一八二六）十一月十四日に大奥御座所庭園の改修を行なっている。家斉が「近習の者して小座敷の庭に仮山（築山）を作らしめ、盆池を設け魚を放ち、草木をも心有さまに」植えたところ、将軍と老中の間を取り持つ側用人《そばようにん》の松平信明が、天下国家を治めることこそが将軍の仕事だと厳しく忠告したというのは、この時のことだろうか（『続実紀（文恭院殿御実紀付録巻一）』、以下『続実紀（文恭院付録一）』と略す）。天保九年（一八三八）閏四月十九日や弘化元年

（一八四四）二月十日には、大奥の御座所の園池の水源になっていた懸樋《かけひ》の枡などを修復している（『柳営日次記』など）。

信じられないことだが、文政九年四月に将軍家斉が起居していた本丸中奥を、旗本たちが見学して書いた『御庭拝見記』（『東京市』皇城三）が残っている。見学者はおそらく塀沿いの路地を通って黒書院に入ったのだろう。黒書院から上がって、将軍が使用していた御座の間・御休息所（居間）・御小座敷（寝室）を見物し、中奥の庭園に降りている。二段に築かれた滝から水が流れ落ちていて、園池にはカキツバタが咲いていたのを見ている。

相生《あいおい》のモッコクの大木があることから連理山と呼ばれた築山には、雲帆亭という茶屋があった。ここからは竹芝浦も見えて眺望がよかったらしい。紅葉を眺めるためにハゼを植えた櫨山《はぜやま》と春にサクラの花を楽しむ桜山を巡り、東西南北を示す方位盤を置いた見盤山から御小座敷にもどっている。御小座敷前の西庭には、水盤や池中の水桶に草木が植えてあり、檀の上には「松葉蘭」や斑《ふ》入《い》りの樹木や珍しい植物、家斉が自ら接いだゴヨウマツの鉢などが並べられていたという。

大奥の庭園

万治度本丸御殿は長くもったが、十二代家慶の時代、弘化元年（一八四四）五月十日に焼失してしまう。直ちに工事が行なわれ、翌年五月十八日に御殿は完成し（「弘化度御殿」）、十三代家定はこの御殿で過ごしている。弘化度御殿の大奥庭園の様子は、「江戸城本丸大奥総地図」（東京国立博物館）（図2-3）によって知ることができる。御座の間の南に茶屋を持つ園池、対面所と御新座敷によって囲まれた一画にはかなり長い流れがある園池、また、御新座敷・御客座敷とそれに続く御殿の南側にも、それぞれ小規模な園池が設けられていた。

だが、十四代家茂が就任した翌年、安政六年（一八五九）十月十七日に御殿は全焼してしまう。万延元年（一八六〇）十一月九日に再建されるが（「万延度御殿」）、再び文久三年（一八六三）十一月十五日に焼失し、十五代慶喜の在任中も本丸御殿は建てられなかった。

明治二十五年（一八九二）に出版された『江戸城大奥』（永島・太田編『新装版　定本江戸城大奥』）の中に、十三代家定・十四代家茂時代の本丸大奥の長局《ながつぼね》の庭園のことが書かれている。時期的には弘化度・万延度御殿の時代になる。大奥の東北隅にあった長局は、御殿女中たちが居住していた長屋で、四棟の建物があり、最も南の一棟を「一の側《かわ》」と呼んでいた。この棟は一五部屋に分けられていて、一部屋は間口三間（約五・五メートル）、奥行七間（一二・七メートル）で二階建てだった。一の側には、御年寄・上﨟《じょうろう》・中﨟・中年寄などの位の高い女性が、一部屋に一人ずつ住んでいた。

一の側に属する庭は各三十坪許《ばか》りありて水道の自由あれば、孰《いず》れも泉水、築山、石燈籠などあり。

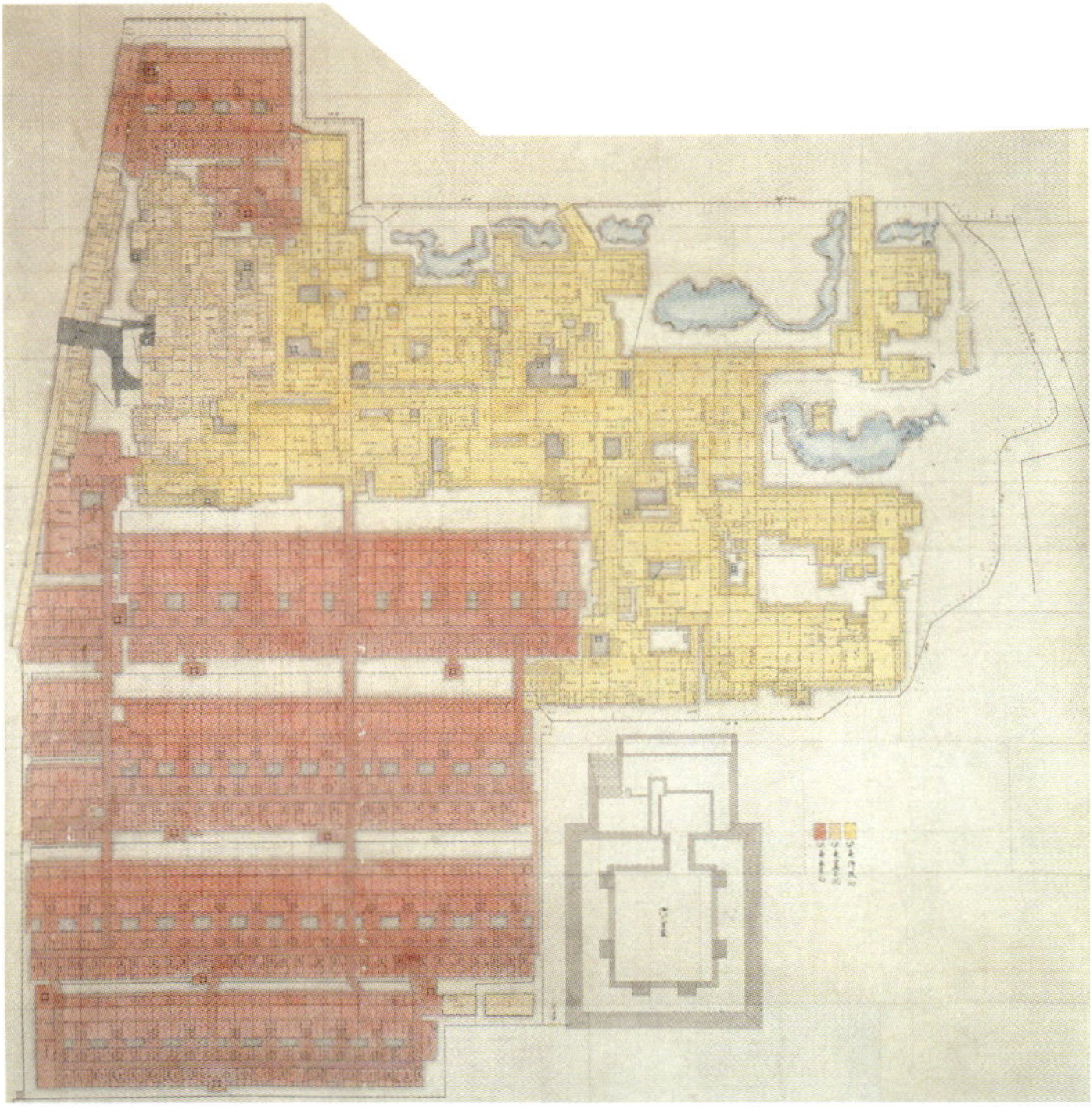

図2-3●弘化元年（1844）造営の本丸大奥の園池（「江戸城本丸大奥総地図」東京国立博物館蔵）

樹の植ゑ付も亦た中々に風流にて、向島《むこうじま》辺の料理店抔《など》の庭に似て趣きあり。

大奥の長局は三〇坪の庭園付き低層共同住宅のようなものだったらしい。だが、身分が低い女中たちの住む二の側・三の側になると、「庭形もなく勝手に草花など植ゑあり、絶えて眺めなし」という状態だった。

3 西の丸庭園

先にも述べたように、江戸城の特殊さは西の丸が設けられたことだった。家康存命中は重要な政策を取り決める拠点となっており、本丸と同様の役職が置かれて大規模な建物が建てられていたことから、「西城」とも呼ばれていた。西の丸の中央部分に御殿があり、本丸と同様に表・中・奥御殿にわかれていた。北部の紅葉山と呼ばれた部分には、家康をまつる廟が建てられていた。西の丸の残りの半分ほどが、「山里（山里丸）」という庭園部分で、茶屋があり露地も存在していた。

西の丸御殿の庭園

●秀忠・家光の時代

西の丸の造営は、家康が江戸城に入ってから三年目の文禄元年（一五九二）に始まっているが、本格的なものではなかったらしい。家康の隠居所とされていたのだが、戦争に明け暮れていたためか、家康が西の丸の庭園で遊んだという記録はない。

その後、秀忠の隠居所とするために西の丸御殿が建造され、寛永元年（一六二四）十二月四日に竣工している（「寛永元年度御殿」）。同五年三月二十四日に秀忠は、西の丸の奥で弟の紀州藩主徳川頼宣《よりのぶ》にボタンの花を見せている。「奥」という言葉は中御殿の庭園を指しているのだろうか。秀忠のツバキ愛好はかなりのものだったらしく、増上寺（港区芝公園）の秀忠廟の駒寄せの内側左右には、「檜《ひのき》椿《つばき》」という秀忠が愛好したツバキが、遺言によって植えられている（『遊歴雑記』初編上一）。

ところが、寛永十一年閏七月二十三日に、失火で西の丸は全焼してしまう。古河城主土井利勝や小田原城主稲葉正則などの大名の手伝いによって、寛永十三年二月二十二日から工事が始められ、同年十一月二十六日に竣工している（『東京市』皇城一）（「寛永十三年度御殿」）。

●家綱以後の西の丸

慶安元年（一六四八）四月六日に、大納言だった家綱が西の丸に移ることになり、御殿の建て直し工事が行なわれ、家綱は同三年九月二十日に西の丸に入っている（「慶安度御殿」）。翌四年三月十日に、御座所前庭の園池の造営が開始され、翌十一日に老臣たちがツツジを献上している。

この時期の図とされている「西丸御屋敷絵図」（東京都立中央図書館）には、上から掛けた紙の中央の小座敷前に、細長い園池がいくつも重なっている築山が描かれている。慶安四年に造営された園池はここのことだろう。寛文二年（一六六二）三月五日に、西の丸庭園ではサクラが盛んに開いたことから、花見の遊びが催されている。「花の陰ごとに紅氈《こうせん》を敷、屏風を引連て、東の方に御座を設く」

と『実紀』には書かれている。花見の規模からすると、やはり大奥御座所の前庭だろう。築後三〇年以上を経過したためか、元禄元年（一六八八）八月七日から十二月五日まで、御殿の修復が行なわれている（「元禄度御殿」）。その後、六代家宣と七代家継は若いうちに没したためか、西の丸を利用した記録は見当たらない。長い間将軍として君臨した八代吉宗の時代には、享保十年（一七二五）九月十八日に茶屋が建てられ、元文五年（一七四〇）三月十五日に御休息の御庭と御茶屋が修復されている（『柳営日次記』）。

十一代家斉の時代については、『享和録』（『東京市』上水一）の享和元年（一八〇一）十二月二十九日の条に、

田宮（松平栄隆）西丸御休息の御庭御滝懸り上水懸樋《かけひ》御修復出来に付、見分け仕るべき旨、摂津守殿へ仰せ渡され候。

とあるので、御休息の間前の園池には滝があり、上水が注ぎ込まれていたことがわかる。文政四年（一八二一）九月二十六日、同九年十月六日、天保元年（一八三〇）十二月晦日と同九年十一月二十九日に、上水樋・枡の修理が行なわれている（『柳営日次記』など）。滝は見た目には面白いが、維持は手間がかかったようだ。

元禄度御殿は長続きしたのだが、天保九年三月十日に焼失してしまう。御殿は翌十年十一月二十五

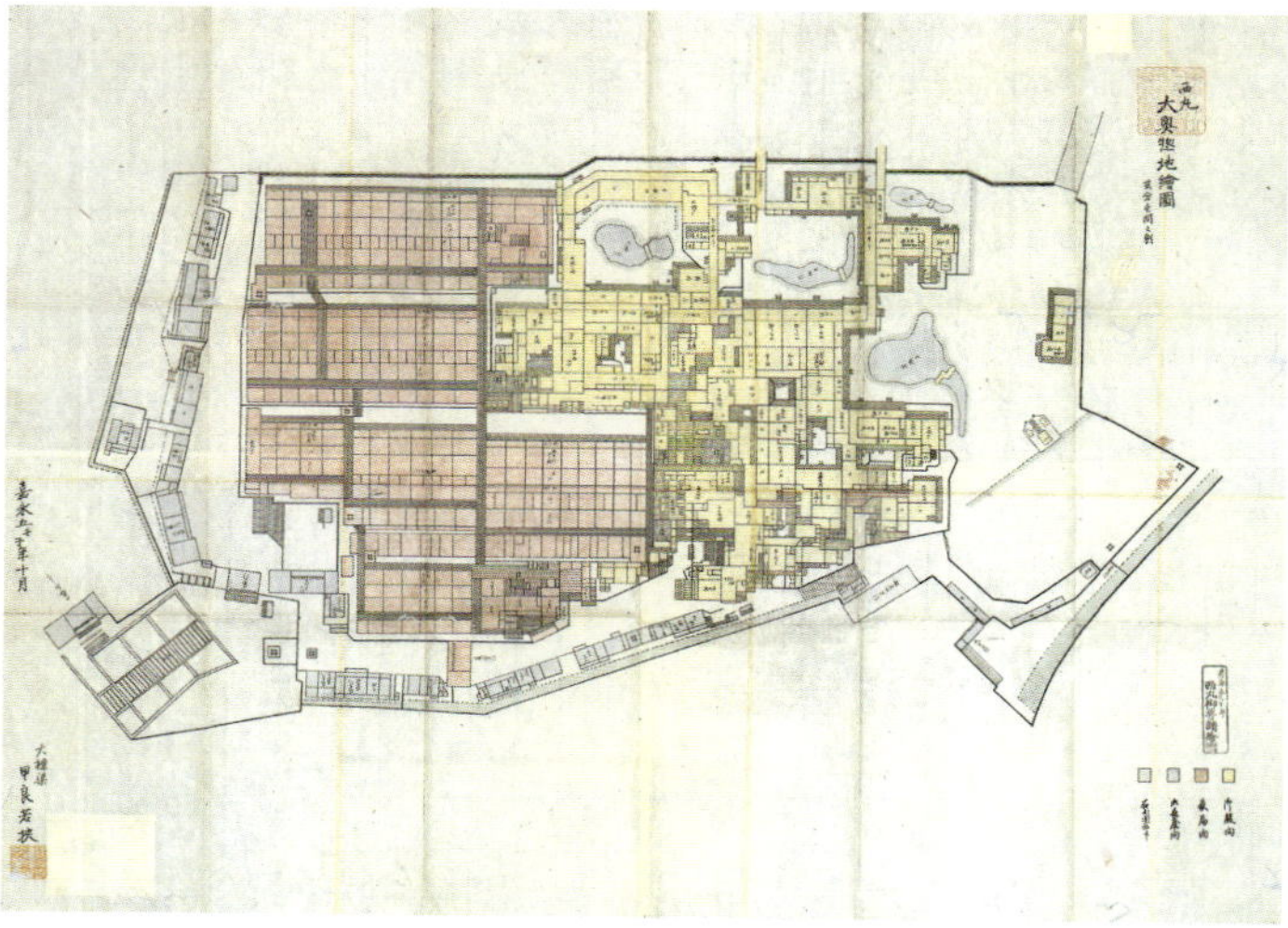

図2-4●嘉永５年（1852）造営の西の丸大奥の園池（「西丸大奥総地絵図」東京都立中央図書館蔵）

日に再建され（「天保度御殿」）、弘化三年（一八四六）十一月九日に大奥の東殿庭園の滝に上水樋が掛けられ（『柳営日次記』）、嘉永二年（一八四九）九月十六日には大奥庭園の茶亭などが修復されている。この時期の西の丸大奥を示す「西丸大奥之図」（東京都立中央図書館）では、西側に湾曲した大きな園池が一ヵ所と、建物に囲まれた中庭に小さな園池が二ヵ所描かれている。滝と茶亭があったのは、大きい方の園池と考えられる。

嘉永五年五月二十二日に再び火災に遭うが、十二月二十一日には御殿は再建されている（「嘉永度御殿」）。この時期の御殿を描いた「西丸大奥総地絵図」（東京都立中央図書館）（図2-4）では、大奥御殿部分の園池はさらに一つ増えて四ヵ所になっている。西側の大きな園池の傍らには、茶屋が建てられ、園池にはそれぞれ橋が架けられていた。だが、この御殿も長続きせず文久三年（一八六三）六月三日に罹災してしまう。

財政的に行き詰まっていたのか、元治元年（一八六四）七月一日に建てられたものは、仮の御殿だった（「元治度御殿」）。この時期の「江戸城西丸仮御殿総地絵図」（東京都立中央図書館）には、嘉永度御殿に類似した園池が大奥の御殿部分に四ヵ所描かれているが、西側の茶屋はなくなり、東側の園池は非常に小さくなっている。十五代慶喜は、本丸御殿の代わりに西の丸御殿に居住していたが、激動の時期だったためか庭園を楽しんだという記録はない。

山里の庭園

西の丸の山里の庭園は、火災の際の避難場所でもあった（『実紀』厳有院上）。家光の時代、寛永四年（一六二七）六月二十五日に大御所秀忠は、山里の茶室で尾張大納言義直・水戸中納言頼房・藤堂高虎に茶をたてている。これが山里の茶室の初見になる。山里丸に茶室を構えるのは、豊臣秀吉が大坂城や伏見城で行なっていたことだった。翌五年一月十八日に家光は西の丸に出向き、紀伊大納言頼宣・駿河大納言忠長・水戸中納言頼房・藤堂高虎を招いて茶会を催しているが、中立ちの時に頼宣が草履を履いて露地を歩いていることからすると、これも山里の茶室と考えられる。

寛永五年七月の大地震で被害を受けたのか、翌年六月二日に山里茶席の露地が竣工している。工事は庭作り役の山本道勺が施工担当となり、持筒組一〇〇人などを集めて工事を行なっている。竣工の日、藤堂高虎は京都の邸宅が古田織部（一五四三―一六一五）の屋敷だったことから、織部が使っていた手水鉢を家光に献上している。細川忠利の書状に「御囲（茶室）も御好み御座候由に」とあるから、茶室も家光の好みに合うように改修されたようだ（『細川家史料［九］』寛永六年二月十五日付書状）。『実紀』の寛永六年の条に「小堀遠江守政一、西城茶室の園地経営の指揮せし褒として金千両給ひ」とあり、茶室の露地は小堀遠州が作ったことがわかる。

小堀遠州（政一《まさかず》、一五七九―一六四七）は近江の小室《こむろ》藩主だったが、元和九年（一六二三）には伏見奉行も務めている。茶道を古田織部に学んだことから、将軍家光の茶道師範にもなっている。書院風茶室に合った茶庭を作るのが得意で、今も残るものとしては大徳寺孤蓬庵の忘筌《ぼうせん》の露地がある。幕府の作事奉行を務めていたことから、建築・庭園などの造営関係でも才能を発揮して、慶長十八年（一六一三）には内裏の建築と庭園、寛永二年には二条城二の丸庭園の改造、同九年には南禅寺金地院《こんちいん》の鶴亀をかたどった方丈庭園などをつくっている（森蘊『小堀遠州』）。桂離宮の造営に携わったかどうかは、確証がなくわからない。遠州の庭園の華麗さは「綺麗《きれい》さび」と呼ばれている。

寛永六年六月六日に遠州は、山里に新たに庭園をつくることを指揮するように、家光に命じられている。庭園に池をつくるという計画になり、大名の有馬豊氏が人夫を出して工事を補助している。茶室の鎖の間近くにあった三層の楼閣が、庭のマツに触るということで撤去されるほどの大工事だった。同年十月二十二日には工事が完了したことから、山里の茶亭において秀忠は弟の紀伊大納言頼宣や水戸中納言頼房と一緒に茶を飲んで、茶室から富士山が遠望できることを喜び、昔話に興じている。だが、寛永九年一月二十四日に秀忠は五十四歳で亡くなり、同十一年閏七月二十三日には西の丸は全焼してしまう。

正保元年（一六四四）十月九日に毛利秀元が、山里の茶室で茶を家光に献じていることからすると、山里部分も再興されたのだろう。家綱は将軍就任前の慶安三年（一六五〇）十月二十五日に、山里の庭園を散策している。翌四年二月七日には、山里の庭でツクシを摘んでいることからすると、家綱はこの庭園が気に入ったのだろうか。慶安四年三月十日には茶亭とその前面の園池や馬場を設け、延宝四年（一六七六）二月十二日には馬場で、番士の乗馬を観閲している。

八代吉宗の時代には、享保二年（一七一七）十二月二十三日から翌三年閏十月九日にかけて、山里庭園の改修工事がされている（『柳営日次記』）。工期が長いことからすると、かなり本格的な修復だったのだろう。十代家治の夫人が宝暦十二年（一七六二）三月二十九日に、山里の庭園を楽しんでいるところからすると、将軍夫人のくつろぎ場にもなっていたようだ。

その後も山里の利用はされていたらしく、天保元年（一八三〇）十二月二十八日に梅の御茶屋の修復、嘉永五年（一八五二）八月十日にも梅の御茶屋や御馬見所の修復などが行なわれている（『柳営日次記』）。

4 二の丸の庭園

三代家光による庭園造営

二の丸には大規模な御殿と園池がつくられ、公的な儀式や将軍が武芸を見る場所として使用されている。焼失などでたびたび改築されているのは、本丸・西の丸に次いで重要な役割を果たす御殿だったからだろう。天正十八年（一五九〇）に家康が入国した当時の状況はよくわからないが、慶長十一年（一六〇六）に二の丸の石垣を築いているから、簡単な建物が建てられていたらしい。

三代家光の時代、寛永七年（一六三〇）四月二十二日には二の丸の庭に築山を設け、水を流して園池に落とし、園池の傍らには三畳台目《だいめ》の茶室を持つ茶屋を建て、その脇に鳥小屋を作る工事が完了している。同年五月四日には大御所秀忠と家光が、徳川頼宣・徳川頼房らとともに竣工した茶屋で飲食

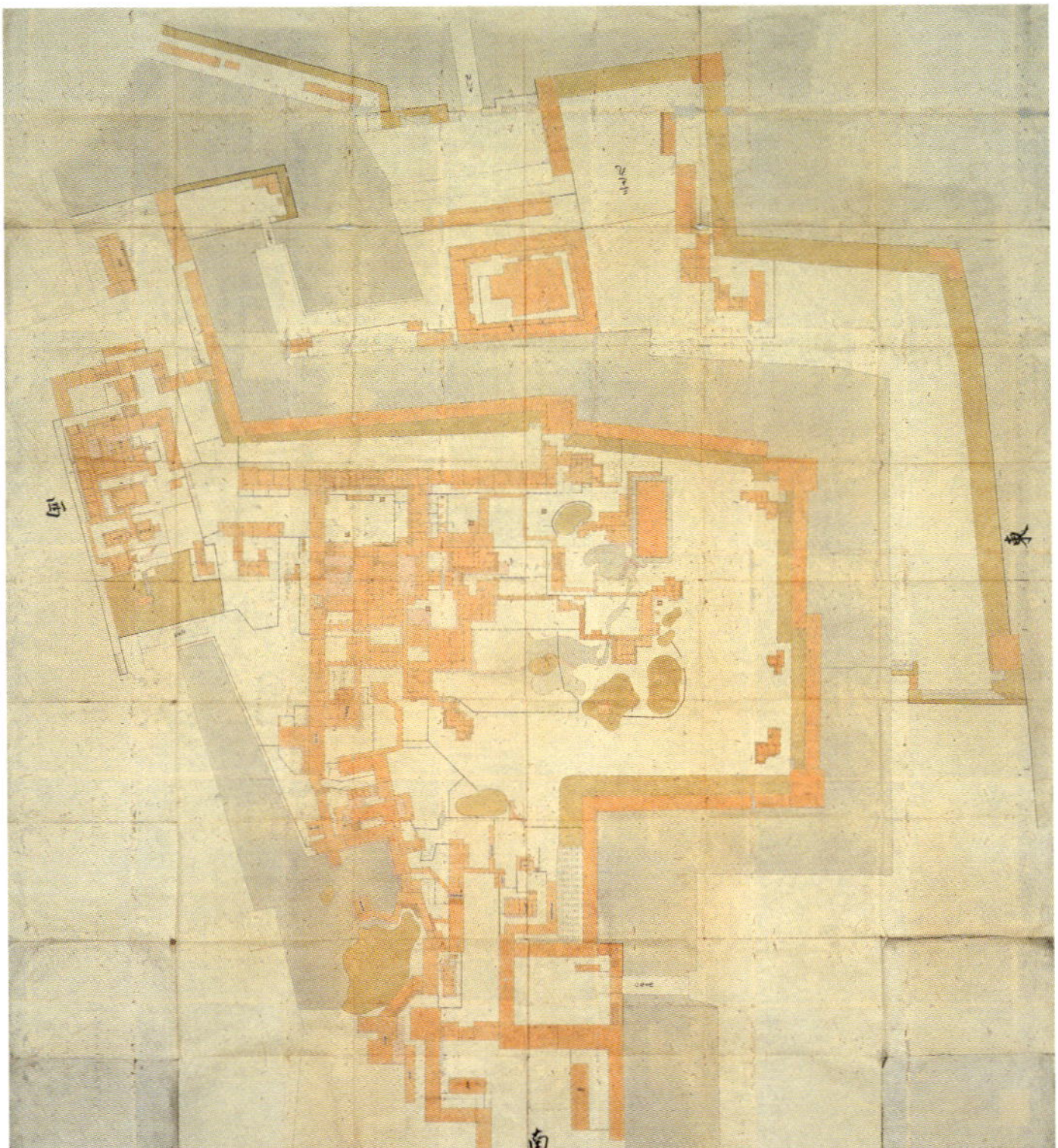

図2-5●寛永 13 年（1636）造営の二の丸御殿と庭園（「二之御丸御指図」東京国立博物館蔵）

をしている。食事後に秀忠は鳥籠を見てから茶室にもどり、茶を喫した後「釣殿」へ出ている。茶屋には釣殿と呼ぶ園池に突き出した建物が、付属していたことになる（『東武実録』）。

寛永十一年に西の丸が焼失したことを受けてか、寛永十二年六月に二の丸が拡張され（『寛永日記』）、翌十三年六月に御殿と園池が改修された（「寛永十三年度御殿」）。園池の改修は大名の有馬豊氏が行なっている。寛永十六年七月十四日には家光が厩《うまや》に渡ってから、泉殿で供の者たちが泳ぐのを見ているので、厩と泉殿が園池の近くに存在していたことになる。同年十一月七日に二の丸の改築工事が完成して、家光は移り住んでいる。家光の時代に二の丸庭園は充実したものになったといえる。

この時期の庭園の様子は、「二之御丸御指図」（東京国立博物館）（図2-5）によって知ることができる。大規模な園池が中央に設けられていて、岬のように突き出した出島の頂には四阿《あずまや》があり、対岸へ渡る橋が架けられている。安全を考えてなのか、出島の背後には御殿から続く塀が設置されているために、正面からは背後の築山などが直接見えないようになっていた。大規模な文庫の南西側にも園池を掘り、御殿の園池とつないでいる。南西側の石垣下の堀には「水舞台」と呼ばれた能舞台を建てるなど、全体的にゆったりと設計されていて、庭園と建物がよく調和している。こうしたゆとりは、寛永十七年の本丸御殿を描いた「御本丸惣《そう》絵図」（個人蔵）にも見られる。

だが、家光はこの御殿を取り壊し、庭園の改修を行なって寛永二十年七月十一日には新しい御殿を完成させている（「寛永二十年度御殿」）。ここは世子竹千代（四代家綱）の御殿となった。この時期の

写真2−2●古図によって昭和43年に再現された二の丸跡の園池

二の丸を描いた「二丸御絵図」（国立公文書館）（図2−6）では、築山の上に茶屋が建てられ、その横から流れ出た水は滝となって、中島がある大規模な園池に注ぎ込んでいる。園池からの流れは中央の御座の間の「御泉水」にもなっている。西の丸の山里と同様に、この園池も小堀遠州の設計だった（写真2−2）。

庭園の様子については、『実紀』の「大《だい》猷院《ゆういん》付録（三）」に、「二丸の御庭に花紅葉あまた植させられ、そが前に茶亭をかまへ、紅葉の御茶屋と号す」とある。図では茶亭は一ヵ所しかないから、築山上の茶屋を「紅葉《もみじ》の御茶屋」と呼んだのだろうか。

園池が完成した時に、諸大名がさまざまな樹木を献上している。露地口に二、三株

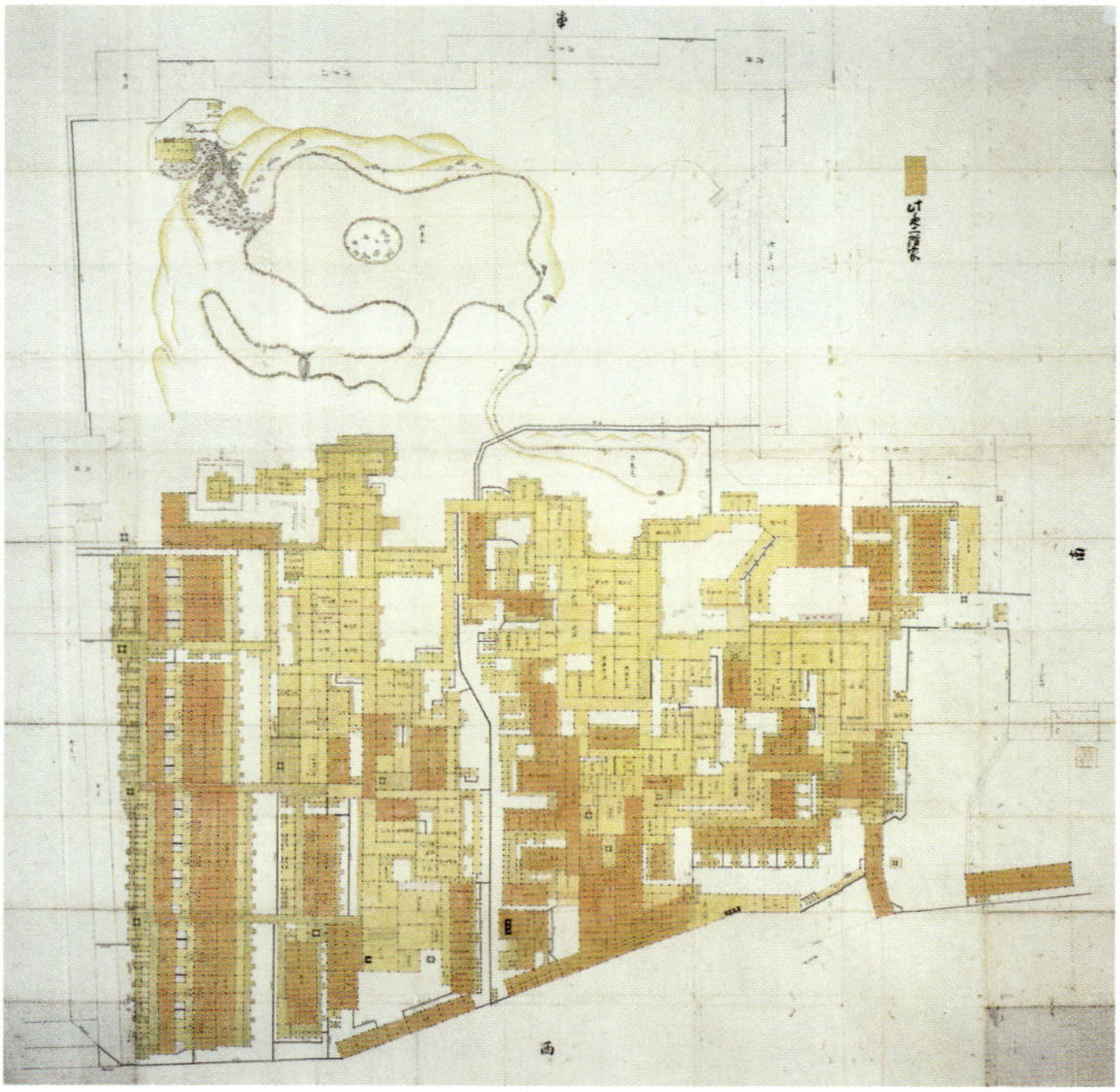

図2-6●寛永20年（1643）造営の二の丸御殿と庭園（「二丸御絵図」国立公文書館蔵）

樹木が植えてあるのを家光が見つけ、「どうしてここに植えたのか」と尋ねたところ、「枝ぶりが悪いので」と係りの者が答えた。それに対して家光は「大名たちが私に見せようとして献上した樹木を、その形が悪いとしてこのような陰に植えておけば残念に思うだろう」と言って直ちに園中に移させたという。

　正保元年（一六四

四）七月四日には再び御殿が改修され、植栽工事を担当した植木奉行も褒美をもらっている。だが、『寛明日記』（『東京市』皇城一）の正保二年七月二十八日の条によると、家光は阿部忠秋を呼んで、二の丸庭園の樹木の植え込みと数奇屋露地の植え込みや飛石などが気に入らないとして、忠秋が思うとおりに改修するように命じている。小堀遠江守《とうとうみのかみ》宗甫《そうほ》（遠州）が心を尽して作庭したものを、自分が直すのはどうかと忠秋は辞退したが、家光が言い張るので忠秋は承服せざるをえなかった。同年八月二十五日に家光は、改修された二の丸の園池と植え込みなどを見てすばらしいと褒め、露地の植木や飛石の据え方に至るまで満足だったという。家光は賢明だったが、我ままでもあったようだ。

サクラを植える

四代家綱の時代には、承応二年（一六五三）三月二十四日に築地御殿のサクラを二の丸に移し、同年閏六月十五日には二の丸の園池で番士が遊泳するのを見ている。遊泳は家光の時に行なわれていたことだが、以後恒例化していく。

明暦元年（一六五五）七月二日には、麹町から上水を二の丸の庭園内に引いているが、これは承応三年に竣工した玉川上水だった。江戸で最初に開発された神田上水は江戸城に入っているから（伊藤好一『江戸上水道の歴史』）、それまで園池の水は神田上水を利用していたのだろう。玉川上水を江戸城内の庭園の滝に落とすためには、工夫がされていた。上水の上流の羽村（東京都西多摩郡羽村町）には幕府御普請方の御用屋敷があり、玉川の水を二丈（約六メートル）あまり高く堰き止めて、水勢を強めて左右に分流させ、左の方は小金井から四ツ谷御門外の高樋《たかとい》へ流入させていたという（『遊歴雑記』初編中十四）。

だが、明暦三年の大火で、本丸とともに二の丸・三の丸も焼失してしまう。時間的にも経済的にも余裕がなかったのだろうか、越谷《こしがや》別殿が移築され同年八月十五日に竣工している（「明暦度御殿」）。同時に樹木も植えていて、完成時に樹木奉行などが褒美をもらっている。さらに十月二十四日には、園池の中島御茶屋も完成している（『柳営日次記』）。

寛文四年（一六六四）六月三日には築山が改修され、翌六月四日には工事を担当した小普請奉行・植木奉行・庭作り役・大工などに褒美が与えられている。大田南畝が『竹橋余筆』に書きとめている次のものが、このときに植栽したサクラの品種らしい（『東京市』皇城二）。

わしの尾・水かみ・とうがんこし・しほがま・たいざんふく・やうきひ・あさぎ・八重・だいご・ゑもん・大てうちん・てうちん・きりがやつ・ぬのびき・大でまり・いちやう・八重あさぎ・奥州・こんのふ・八重ひとへ・小でまり・くまがへ・とらの尾・大いちご・町山・つりがね・大白・横山・ごんべい・丸山・ふげんざう・はちおふじ

総数は一四五本で、高さ三間（約五・四メートル）以上のものが多かったから、二の丸の築山の周辺は、花時には美しい光景だったろう。

綱吉以降の二の丸庭園

五代綱吉の時代、『柳営日次記』によると宝永元年（一七〇四）十一月二十一日に、御殿が建て替えられている（「宝永度御殿」）。正徳四年（一七一四）頃の江戸城を描いた「江戸御城之絵図」（東京都立中央図書館蔵）（図2-1）では、大規模な園池があった部分まで大奥御殿が張り出していることからすると、宝永度御殿を建造する際に園池を埋め立てたと考えられる。弘化三年（一八四六）頃の「二之丸御殿図」（金沢市立図書館）でも、園池は失われたままになっている。

九代家重の時代、延享四年（一七四七）四月十六日に二の丸御殿は再び焼失してしまう。この火災後、十三年たって宝暦十年（一七六〇）五月十三日に御殿が再建され（「宝暦度御殿」）、大御所の家重が移っている（『柳営日次記』）。十代家治と十一代家斉については、庭園の利用は見られない。

十二代家慶の時代には、『柳営日次記』の弘化四年（一八四七）七月八日の条に、「二丸大奥御庭御泉水並長局《ながつぼね》掛り上水樋桝、新規仕直し」と記されている。二の丸大奥の園池と、女性たちが住んでいた長局の上水の樋・桝を新しいものにしたということだから、二の丸大奥にも園池が存在していたことになる。

十三代家定と十四代家茂の時代は、特に庭園については史料がない。文久三年（一八六三）十一月十五日に、本丸と共に二の丸も焼失する。財政的に余裕がなかったのか、慶応元年（一八六五）に規模を縮小して、御殿は再建された（『東京市』皇城三）（「慶応度御殿」）。だが、十五代慶喜が将軍になった翌年の慶応三年十二月二十三日に、二の丸御殿は再び焼失してしまい、慶喜は西の丸に移っている。

5 将軍の意向が届く場所と届かない場所

江戸城本丸の敷地は二の丸の倍だが、西の丸の半分だった。一方、次章で見る吹上は西の丸の倍になっていたことは、庭園の規模にも大きく影響しているようだ。ここで一旦、本丸・西の丸・二の丸の庭園について振り返ってみよう。

言うまでもなく近世の城郭では、本丸には威厳を示すためと眺望を得るために天守閣が建てられ、戦時には最後の守りとなることから本丸の防備は堅固になっていた。そのため、城主が本丸内の御殿に居住していても、政治を行なうための諸施設を構えるが、憩えるような大規模な庭園を設けることは少なかった。

江戸城も同様で、最後まで本丸は将軍が居住し執政する場所とされた。本丸内には表・中・奥御殿が建造されたために、敷地内には余裕がなくなり、庭園はこれらの御殿に付随するものになった。地震・火災に備えて本丸内に空地も確保されていたが、築山を設けた程度だった。

とはいっても、将軍が使用する中奥や大奥の座敷の前面には、庭園を設けるのが決まりだったようだ。憩う場所として重要な施設だったことから、御殿が建て替えられるたびに庭園も改修されている。本丸庭園は将軍の身近な場所だっただけに、造営・改修については大名や家臣たちがかなり気を使っているが、将軍の意思で勝手に建物が取り壊され、庭園が拡張されることが少なかったのは、本丸全体が公的なものとして扱われていたためではないだろうか。

一方、大御所の居住場所として設けられた西の丸では、山里が災害時の避難場所としても利用されたことから、茶屋や園池がある広々とした庭園が設けられている。家光が本丸・二の丸・西の丸山里の庭園をいくども改修しているのは、父秀忠のためという大義名分があったようだが、徳川幕府が資産を十分に持っていた時期だったから、贅沢《ぜいたく》のかぎりを尽くせたのだろう。

しかしその後、西の丸庭園の利用は減少する。これは将軍が若いうちに亡くなったり、引退後の期間が短かったりしたためだが、後継者のための居所や本丸火災の際の将軍の一時的な避難場所などになったことが、庭園の本格的な改造を妨げたのではないだろうか。

二の丸の庭園を積極的に楽しむようになったのは、三代家光からだった。当初の庭園は建物も少なく、園池が大きく場所を占め、ゆったりした構成になっていた。名古屋城の二の丸庭園も当初は広々としていたのとよく似ている。江戸時代になると天下泰平になり、各藩とも戦時を想定した本丸では手狭になり、二の丸に大規模な御殿を建て、豪華な庭園を築造するというのが一般的な傾向になっているので、江戸城も例外ではなかったことになる。

家光が小堀遠州に命じて二の丸の庭園を改修させたことから、大規模な園池が設けられたが、園池の傍らには建築群が隙間なく建てられている。家光の一存で庭園改修がされたのは、それまで二の丸の用途が明確ではなかったからともいえる。四代家綱が家光と同様に二の丸庭園の整備に力を注いでいるのも、比較的容易に将軍の意思を実現できる場所だったからだろう。この園池は五代綱吉の時代に埋め立てられて消滅してしまったが、それも将軍綱吉の意向だったのだろうか。

第3章 将軍の庭園——江戸城吹上・浜御殿

1 吹上と浜御殿の庭園

本丸・二の丸・西の丸の庭園は、御殿が大規模だったために面積的には小さかった。ところが、明暦三年（一六五七）の大火で本丸だけでなく、二の丸・三の丸まで焼失してしまったために、防火のための「火除地《ひよけち》」が設置されることになった。江戸城内にあった徳川御三家の屋敷を城外へ移転させて、「吹上」と呼ぶ一郭が造営された。吹上の面積は〇・四九平方キロメートルで、西の丸のほぼ二倍あった。吹上は現在の皇居の吹上御殿の前身になったもので、「広芝」とよぶ広大な芝生広場と園池・流れ・築山・茶屋・腰掛などがある庭園がつくられている。

もう一つ、将軍のための庭園となったのが、浜御殿だった。浜御殿は甲府初代藩主松平綱重《つなしげ》が、万治二年（一六五九）に海を埋め立て造営した別荘だったが、二代藩主綱豊が五代将軍綱吉の後継者となったことから、この屋敷は将軍家の別邸になった。海に臨んでいたことから、海水を引き込んだ潮入《しおい》りの庭がつくられている。江戸城の外にあって開放的な庭園を持つ屋敷だったことから、歴代将軍たちのくつろぎの場所になった。現在は旧浜離宮恩賜《おんし》庭園となり、一般に公開されている。本章では、この二つの大庭園を見ていこう。

2 吹上の庭園

吹上の造営

『実紀』と『続実紀』の呼称を時代順に並べてみると、「花畠・吹上花圃・花圃・吹上の御庭・花畑・吹上の御園・吹上花畑・吹上苑・吹上御庭・吹上庭園」となっている。統一的な呼称がないので、ここでは単に吹上と呼ぶことにしたい。

延宝四年（一六七六）二月十二日に四代家綱は、吹上で白雁を捕っているが、翌五年三月十三日には遊覧していることからすると、庭園としての体裁はかなり整ってきたのだろう。五代綱吉の時代には、天和三年（一六八三）八月二十七日に尼となった綱吉生母桂昌院（一六二四―一七〇五）が遊んでいる。「花圃」（「はなばたけ」あるいは「かほ」）とも呼ばれていることからすると、花木や草花が数多く植えられて、女性に好まれたのだろう。

生類憐れみの令を出したことで綱吉の評判は悪いが、若かった貞享元年（一六八四）三月十四日には、百人組・持組・先手組・弓鉄砲の与力同心たちの技を試させるのに、吹上を利用している。貞享四年二月二十二日と元禄二年（一六八九）二月二十七日に、綱吉夫人が遊覧していることからすると、吹上はやはり花園としての魅力があったのだろう。

宝永二年（一七〇五）七月二十九日には、西の丸の広敷侍だった三浦十右衛門と表火番だった村松友政が、吹上の奉行を命ぜられている。目付の所属となり、警護をする者二五人、園丁五四人が配下とされている。庭園を直接管理する人間が五四人もいたことは、かなりの施設だったことを物語っている。

宝永四年十二月二十一日には、阿部正邦・脇坂安照・鍋島元武といった大名に、庭園の修理のための人夫を出すように命じている。翌五年閏一月十八日に綱吉が吹上で乗馬を行なっているから、馬場も設けられていたことになる。

六代家宣の馬場整備

宝永五年（一七〇八）二月十五日には、作事奉行らが吹上の改修工事を命じられている。即位した六代家宣は、翌六年九月二十三日に吹上の馬場で番士の射芸を観閲し、翌年一月五日には馬場で初めて馬に乗り、近習の乗馬も見ている。馬場が本格的に改修整備されたのは、家宣の将軍即位と関連があったのだろう。

宝永七年十月二十五日には、吹上代官町部分の造営工事が完了して褒賞が行なわれているが、『実紀』の同月二十七日の条に、

田安、竹橋門の内代官町あたり、こたび吹上園内に入らるゝをもて、馬場曲輪と唱ふべきよし令せらる。

とあることからすると、代官町を吹上園内に取り込んで馬場を造営したことになる。

『守富久呂《まもりぶくろ》』の「吹上御庭濫觴《らんしょう》」によると、紅葉御茶屋が宝永三年、地主山の亭が同七年、滝見御茶屋が同八年に建てられている（伊東龍一ほか『江戸城』）。正徳元年（一七一一）二月十二日に、吹上

図3－1●月光院時代の吹上の庭園（「吹上御庭絵図」中井家蔵）

花畑奉行が目付所属から若年寄の所属に変更されているのは、規模が大きくなったからだろうか。

月光院の御殿

七代家継は、正徳三年（一七一三）三月十三日に初めて吹上を訪れている。翌年九月二十二日になると、町人たちの根津の祭を吹上の御覧所で見物している。同五年十月七日には、吹上の総責任者だった若年寄が、諸士に乗馬させて監視を行なっている。

享保元年（一七一六）九月二十三日に、月光院（一六八五—一七五二）の居館が吹上に造営された（『東京市』皇城二）。月光院は家宣の未亡人で、この年に亡くなった将軍家継の生母だ

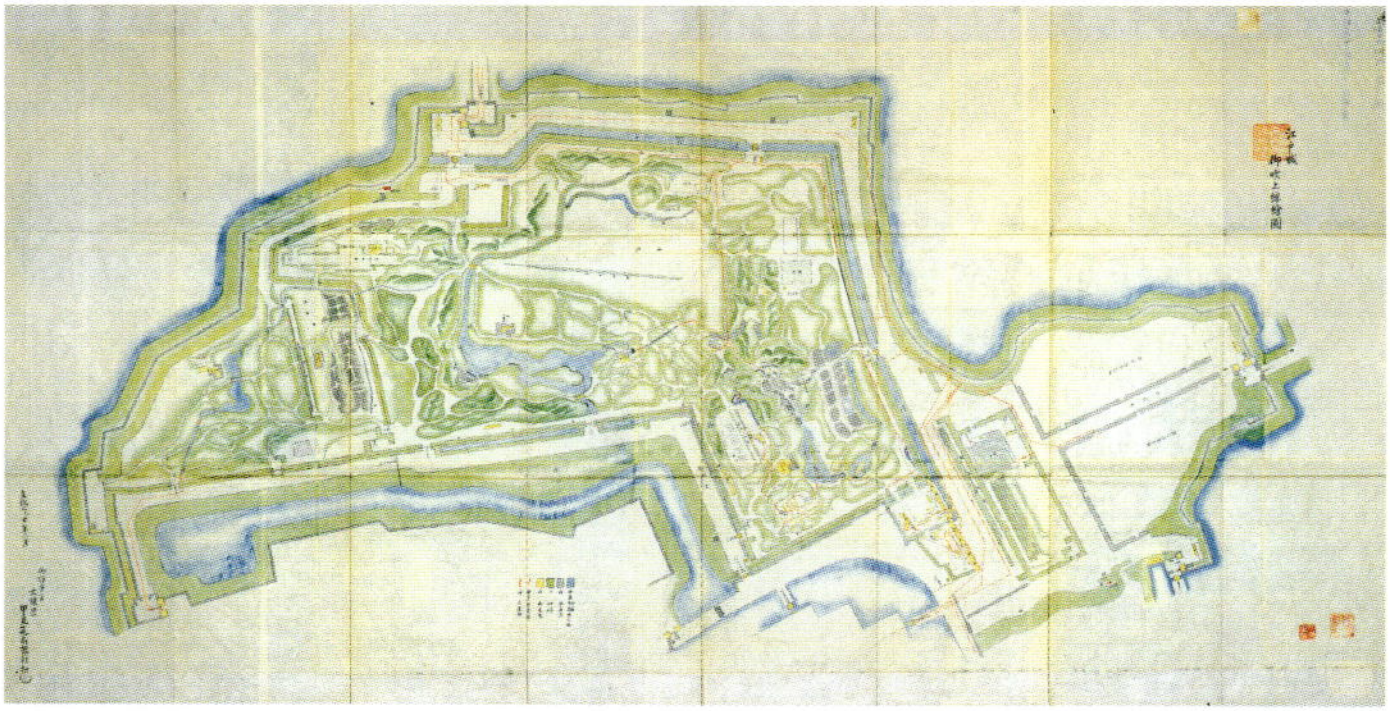

図3-2●文化2年（1805）の吹上庭園（「江戸城御吹上総絵図」東京都立中央図書館蔵）

った。家宣の側近だった間部《まなべ》詮房《あきふさ》（一六六七―一七二〇）と月光院との情事の噂が起きたのは、居館が建てられてからのようだ。吉宗が将軍になって詮房が退けられたときに、皮肉って次のような狂歌が作られている（奈良本辰也『日本の歴史［一七］』）。

おぼろ月に手をとりかはし吹上の御庭の花の宴もつきたり

月光院時代の「吹上御庭絵図」（図3-1）というのが、残っている（谷直樹編『大工頭中井家建築指図集』）。この絵図から、吹上御門がある南西側に、月光院の御殿が建てられていたことがわかる。

八代吉宗の無粋な利用

八代吉宗になると、吹上の利用方法が一変する。庭園の改変が行なわれたわけではないが、改変に近い利用の仕方だった。享保十七年（一七三二）閏五月十四日には、京都の鍛治屋近江守久通を呼んで吹上で刀剣を作らせ、焼刃渡しの様子を見物している。同十九年にはサツマイモを小石川薬園と吹上の庭園で試植し（『実紀』有徳院付録十七）、元文三年（一七三八）十一月十八日には足立郡芝村（埼玉県加須市）の三俣竹《みつまただけ》を、矢にするのに適しているとして吹上に移植している。そして延享元年（一七四四）四月十八日には、書物奉行の深見有隣が天体観測に精通しているとして、吹上の庭園で測量することを命じている。

タケは実用の物だとして、吹上にあった田舎と呼ぶ茶亭を壊し、その跡にマダケ六〇〇株を植えていることなどからすると（『実紀』有徳院付録十八）、吉宗の時代には吹上の庭園を破壊しているような感じがする。だが、先の「吹上御庭濫觴」によると、享保六年に三角物見、同十五年に鳩御腰掛、元文三年に煉土《ねりつち》腰掛を建てるなど、庭園の整備も行なっている（前掲『江戸城』）。

吉宗は吹上の庭園の性格を生かした実用的な利用もしている。吹上の庭園でサクラ・カエデの種が落ちて自然に育っているのを見つけて、実生《みしょう》の苗を五、六尺（一・五―一・八メートル）まで生育させて、吉宗は広尾や隅田川のほとりや飛鳥山に移植している。また、ハゼは蝋《ろう》を製作するのに有用だとして、享保三年に吉宗は紀伊国からハゼの実をたくさん運ばせ、吹上の庭園に植えて蝋を作っている（『実紀』有徳院付録十六・十七）。

なぜ吉宗がこのようなことをしたかだが、『実紀（有徳院付録十八）』に、公ことに林園、泉石の観をもてあそばせ給ふ事もなく、一草一木の微にいたるまでも、みなもの〻用にたつべきものをうへさせ給へり。

と述べられている。庭園を楽しむよりも、有用な草木を植えて育てることに、吉宗は情熱を注いでいたようだ。

新たな茶屋・腰掛の建造

九代家重の時代には、小宮山綏介《やすすけ》の『吹上苑建置考』によれば、新たに茶屋を建てたり、池を掘ったり、作兵衛滝を築いたり、馬場を設けたりしている（前掲『江戸城』）。十代家治は宝暦十二年（一七六二）五月十六日に、近習の者たちが笠懸の的を射るのを見ている。吹上は武術の訓練場所のようになっているが、当初の目的のように、火事のときの避難場所にも使われていた。

寛政の改革を行なった松平定信（一七五八―一八二九）は、『宇下人言《うげのひとこと》』の中で宝暦十二年二月二十二日の実家田安邸の火災の際のことを、「五つの春二月田邸災あり。予は乳母の腹にして上苑［吹上をいふ。］の滝見の御茶屋へのがれたり」と書いている。幼かった定信は乳母の腹に帯でくくり付けられたのだろうか、抱きしめられるようにして吹上に避難している。滝見の御茶屋の周囲は、流れや園池がある庭園になっていたので、類焼を防ぐことができたのだろう。

十一代家斉による改修

十一代家斉の時代になると、先の『吹上苑建置考』によれば諏訪・田舎・並木・新植木の御茶屋と、薬草畑・藤棚前・六本樅《もみ》の腰掛などが建てられている（前掲『江戸城』）。寛政二年（一七九〇）五月十四日には田村西湖（一七三九―一七九三）に、吹上に薬草を見に来るように命じているから、かなりの規模の薬草園も設けられていたようだ（『田村（藍水・西湖）公用日記』）。

文化二年（一八〇五）の「江戸城御吹上総絵図」（東京都立中央図書館）（図3-2）を見ると、月光院の御殿は取り払われていて、その跡には家重の時代に建てた茶屋と園池があり、馬場が中央に設けられている。中央の紅葉御茶屋に対しては梅御腰掛が設置され、西側の吉宗が建てた煉土御腰掛の背後には流れが描かれている。各所に茶屋があって、その周辺に園池や流れが散在していたのが、吹上の特徴といえるだろう。

「江戸城御吹上総絵図」では中央の広い芝生広場に、月光院の時代にはなかった長い馬場が描かれているが、大田南畝（一七四九―一八二三）は『半日閑話（十四）』の「吹上御庭植込の松」で、この芝生広場を「吹上御庭広芝」と呼んでいる。広芝には住吉の浜（大阪市）と常滑《とこなめ》（愛知県常滑市）のマツを植栽し、縁にヤマブキを植えた山吹の流れには高砂《たかさご》(兵庫県高砂市)のマツ、園池の岸には天橋立(京都府)・北野神社(京都市)・須磨《すま》(神戸市)・今宮社(大阪市)・和歌浦(和歌山市)などのマツを植えていたという。馬場が設置されたのは、南畝が見た後のことなのだろうか。

吹上の火除地としての効果

十一代家斉の時代には、文政八年(一八二五)十二月二十二日に修復工事が行なわれ、同十年五月四日には小普請奉行の川井越前守が、上水樋の枡の修復を完成させている。次の十二代家慶の時代には、天保六年(一八三五)六月二十六日に懸樋《かけひ》と玉川上水の修復工事がされ、普請方が褒美をもらっている。滝の上には懸樋によって、玉川上水からの水が送られていたということだろう。

天保十四年三月三十日には大坂町奉行になった久須美佐渡守が、それまで小普請奉行だったためか、滝見の御茶屋を修復している。翌弘化元年(一八四四)五月十日の本丸の火災の際には、家慶らは滝見御茶屋へ避難している。慶応三年(一八六七)十二月二十三日の二の丸御殿炎上の際にも、将軍慶喜が一時吹上に避難している(『東京市』皇城三)。明暦の大火後に火災の際の「火除地」として、御三家の屋敷を移転させて吹上を造営したことは、やはり効果があったことになる。

3 浜御殿の庭園

海岸べりに位置していたから「浜」という名称が付いたわけなのだが、『実紀』や『続実紀』では「浜の邸・浜の離第・浜の御殿・浜殿・浜・浜の殿・浜園・浜の御園・浜苑・浜の邸・浜の庭園・浜の園庭」と表記してあって、一定していない。現在は一般的には浜離宮と呼ぶが、この呼称は明治に天皇家の所有になってからのことなので、江戸時代については浜御殿と呼ぶことにしたい。

甲府藩主松平綱豊の屋敷

四代家綱の時代に、浜御殿は造営された。『実紀』の万治二年(一六五九)三月二十八日の条に、「左典厩へ木挽町海涯水上一万五千坪[略]給はり、各別墅の地とせらる」とある。「左典厩《さてんきゅう》」というのは、三代将軍家光の第三子で甲府初代藩主だった松平綱重を指し、「海涯水上」というのは、木《こ》挽町《びきちょう》(中央区)沿いの海中の土地一万五〇〇〇坪を与えられたことを意味している。別荘の土地を与えるとしながら、埋め立ては自分でするようにというのだから、経費を考えるとあまり嬉しい話ではなかっただろう。

さらに寛文四年（一六六四）には、土地二万九五三五坪が増給されているが、現在の面積は二四万九五五〇・四五平方メートル（約七万五五四八九坪）だから（小杉雄三『浜離宮庭園』）、その後に倍以上の土地を得ていることになる。『甲府日記』（『東京市』遊園一）によれば、寛文九年十一月二十九日に、反町《そりまち》武兵衛と玄斎という者が、「御築山泉水、同所にて奉行仕《つかまつ》りに付き」褒美をもらっている。玄斎は苗字が書かれていないことからすると、武士ではなく茶人だろうか。浜御殿の庭園は、海岸を埋め立てて屋敷を造営したために、園池は海水を利用せざるをえなかったことが特色になっている（写真3－1）。

六代家宣の愛着

五代綱吉の時代、時期将軍に決まった甲府二代藩主綱豊は、将軍家の別邸となったかつての屋敷をしばしば訪れている。最初は宝永二年（一七〇五）閏四月二十五日で、翌三年三月十八日には京都から訪れた公家近衛基熙《もとひろ》を饗宴し、同四年四月十八日には夫人と共に遊んでいる。同年九月四日には改修が開始され、三次《みよし》城主だった浅野長澄が人夫を出し、作事奉行や小普請奉行が責任者になっている。『浜苑建置考』などによれば、この工事で中島茶屋・海上茶屋・清水茶屋・観音堂・庚申堂・大手門などがつくられたという（中島卯三郎「浜離宮と其庭園に就て」『造園研究［一二］』）。

写真3－1●旧浜離宮恩賜庭園の現在

綱豊が六代将軍になり家宣と名乗るようになった宝永六年には、五月十一日に公家近衛家久、同月十五日には二条右大臣綱平、翌七年四月六日には西本願寺門跡光常が浜御殿に招かれている。このことは、幕府の迎賓館《げいひんかん》として浜御殿が機能するようになったことを意味している。海を見ることが少なかった京都人には、潮入りの庭はさすがに江戸だという感じを持たせただろう。その一方で、宝永六年九月五日と正徳元年（一七一一）三月二十三日に、家宣は幕府の軍船を観閲している。これ以降、浜御殿は海ぎわに位置していたことから、将軍が軍船を観閲する場所として定着していく。

宝永七年四月二十七日に近衛基熙が再び招待された際には、園池の中島の茶亭で茶菓子を食べ、海ぎわの亭で飾り立てた船を見ている。饗宴が終わってから池の中島へ渡ったときには、装いをした船を池に浮べて音曲を演奏している。再び清水の亭で饗応があって、夕暮れになってから基熙は帰っている。前年五月十一日とほぼ同じ饗応の仕方だったことからすると、回遊式庭園式の特徴を生かして、場所を変えながら別な趣向で来客を歓待するという方法をとっていたことがわかる。

将軍家宣の浜御殿の利用の仕方を見ると、宝永七年九月二十六日に会津藩主松平正容《まさかた》と大坂城代の土岐頼殷《よりたか》を招いた時には、園池を見せた後に庭で馬に乗ってから、近習・両番の武士の乗馬を見ている。馬場は将軍自身が馬に乗ることを楽しむだけでなく、家臣たちの武術訓練として乗馬をさせる場所でもあった。

八代吉宗による簡略化

七代家継の時代にも正徳三年（一七一三）四月九日に近衛家熙、同十二日に九条師孝を浜御殿に招き饗応している。近衛家熙を招いた際のことを『実紀』は、

池の中島の茶亭（今は狎鷗亭《こうおうてい》といふ。[略]）にて茶菓を供し、[略] かさねて庭中にをり、清水の亭にてまたものまいらせられ、夕つげてかへらせらる。

と述べているように、やはり中島の茶屋と清水亭が使われている。中島の茶亭は後には「狎鷗亭」と呼ばれていたことがわかる。

八代吉宗は在位期間が長いわりに、ほとんど浜御殿を訪れていない。享保九年（一七二四）二月に火災に遭って多くの建物を失い、同十七年から安永元年（一七七二）までは綱吉や家宣の側室などが出家後に居住するようになったために、将軍の利用は少なくなったらしい（前掲「浜離宮と其庭園に就て」）。だが、吉宗は吹上庭園と同様に、浜御殿を実験場としても活用している。昼夜遠近にかかわらず見ることができる烽火《のろし》を考案して、浜御殿の庭で火をつけて江戸城から見えるかどうかを試している（『実紀』有徳院付録十二）。

浜御殿の所管は、正徳三年五月十九日に江戸城の桐の間の番頭から目付に代わり、享保元年九月五日には、万石の大名の配下だった門番が寄合の武士に替わっている。同二十年四月十五日には、浜御殿を西の丸の若年寄を総責任者とし、浜奉行をその下に隷属させている。吉宗は浜御殿の管理をいっそう簡略化するように努めたようだ。

九代家重の時代も浜御殿の利用は少ない。まだ大納言殿と呼ばれていた家治が、宝暦六年（一七五六）七月十五日に訪れているにすぎない。しかし、『浜殿旧記』によれば宝暦九年に、

浜御殿御泉水凡《およ》そ八千坪程、此度堀浚《ほりさらえ》仕様覚書要項入用、一番札落百八十五両にて、泉水の魚

は地引網にて一方へよせ、ヂョレンにて竣工、土は海手通御山へ持運ぶ。

というように、園池の浚渫業者を入札で決定し、池の魚を地引網で片方に寄せておいて、鋤簾《じょれん》で泥土をすくい上げ、海手通りの築山へ捨てている（前掲「浜離宮と其庭園に就て」）。

十代家治の時代も、それほど利用は多くなかった。『実紀』では明和七年（一七七〇）八月二十四日に番士に鳥を射させ、安永九年（一七八〇）八月二十一日に大川（隅田川）で船遊びをしたついでに休憩している程度なのだが、安永七年に新銭座鴨場を造ったりしている（前掲『浜離宮庭園』）。

狩猟三昧の十一代家斉

十一代家斉になると、浜御殿の利用目的が一変する。天明八年（一七八八）五月二十七日が訪れた最初だろうか。寛政三年（一七九一）には庚申堂《こうしんどう》鴨場が設けられたことと関連するのか、同年十二月二十一日に「真鴨・小鴨・雑鴨」を仕留めてから、家斉は狩に興味を持ったようだ。翌四年十一月六日には鷹を放って、鴨を多数捕らえ、寛政五年には「鴨・雁・鷺《さぎ》」を捕獲している。

この頃から文化六年（一八〇九）まで、毎年十月から二月までの間、時には八月や四月にも、何回も狩を行なっている。主として鷹・弓矢を使い、「真鴨・小鴨・雑鴨・鷭《ばん》・小鷺・真鶴・鵁鶄《こうせい》（ゴイサギの一種)・大鷺《おおさぎ》・雲雀《ひばり》・雀・雁」などを捕っている。自ら鷹を放つこともあったが、いつもたくさん獲物があったわけではなく、文化元年五月三日のように「雀三羽」ということもあった。

将軍は狩に熱中していたが、妻と娘は釣りを楽しんでいる。文政九年(一八二六)八月二十一日に家斉の正室寔子《とくこ》は、城から駕籠《かご》で到着すると、潮入り池の中島の御茶屋で休息してから、池のほとりの釣殿で釣りをしている。

いを(魚)もあまた得給ふければ、興にいらせ給ひ、いましばしとおぼし給へど日もたけぬとて昼の御ものきこしめし［略］。

たくさん魚が釣れて面白くなって、「もう少し、もう少し」と頑張ったらしい。天保四年(一八三三)八月三日には、家斉の娘盛姫がやはり釣殿で釣りを楽しんでいる。「釣する棹(竿)のさし引など人々おしへ給へるに、いとうれしくめづらしくて」と盛姫自身が書き残している(長辻象平『江戸の釣り』)。

『田村(藍水・西湖)公用日記』の寛政四年十二月二十六日の条には、

浜御殿え薬草御植付に付、度々《たびたび》罷り越し、殊に数少き薬草木差上げ候付、御褒美下さるの旨［略］。

とある。田村西湖が薬草の植付けにたびたび出向いていることからすると狩猟場と化していたが、『浜苑紀勝』に述べられている吉宗が設けた薬草園は存続していたことになる（前掲「浜離宮と其庭園に就て」）。

家斉の時代の造営と持管理を見ると、寛政七年に現在の売店付近に鷹の茶屋を建て、翌八年にお伝い橋の上に新たに藤棚を作っている。このほか燕の茶屋・松の茶屋なども建造したという（前掲『浜離宮庭園』）。『実紀』によると、文政六年十二月二十五日に小普請方が修理を行ない、同九年六月三十日には小普請奉行が茶亭などを修復している。

天保十五年（弘化元年、一八四四）の「浜御庭内外惣絵図」（図3-3）には、現在とあまり違わない浜御殿の園池の状態が示されている（前掲「浜離宮と其庭園に就て」）。家斉時代に完成された浜御殿の様子を示しているのだろう。相違している所は、中島の茶屋がある園池には南東に小島があることや、東側の現在は横堀と呼んでいる園池に中島があること、南側手前に小さな池がつくられていることぐらいだろうか。鴨場となっている二つの園池には、カモを引き込む堀がいくつも設けられているが（写真3-2）、『浜御殿旧記』に「安永七年（一七七八）蓮浄院館跡に鷂堀《ばんぼり》、鴨堀を設く」とあるので、十代家治の時代にすでに造られていたことがわかる。

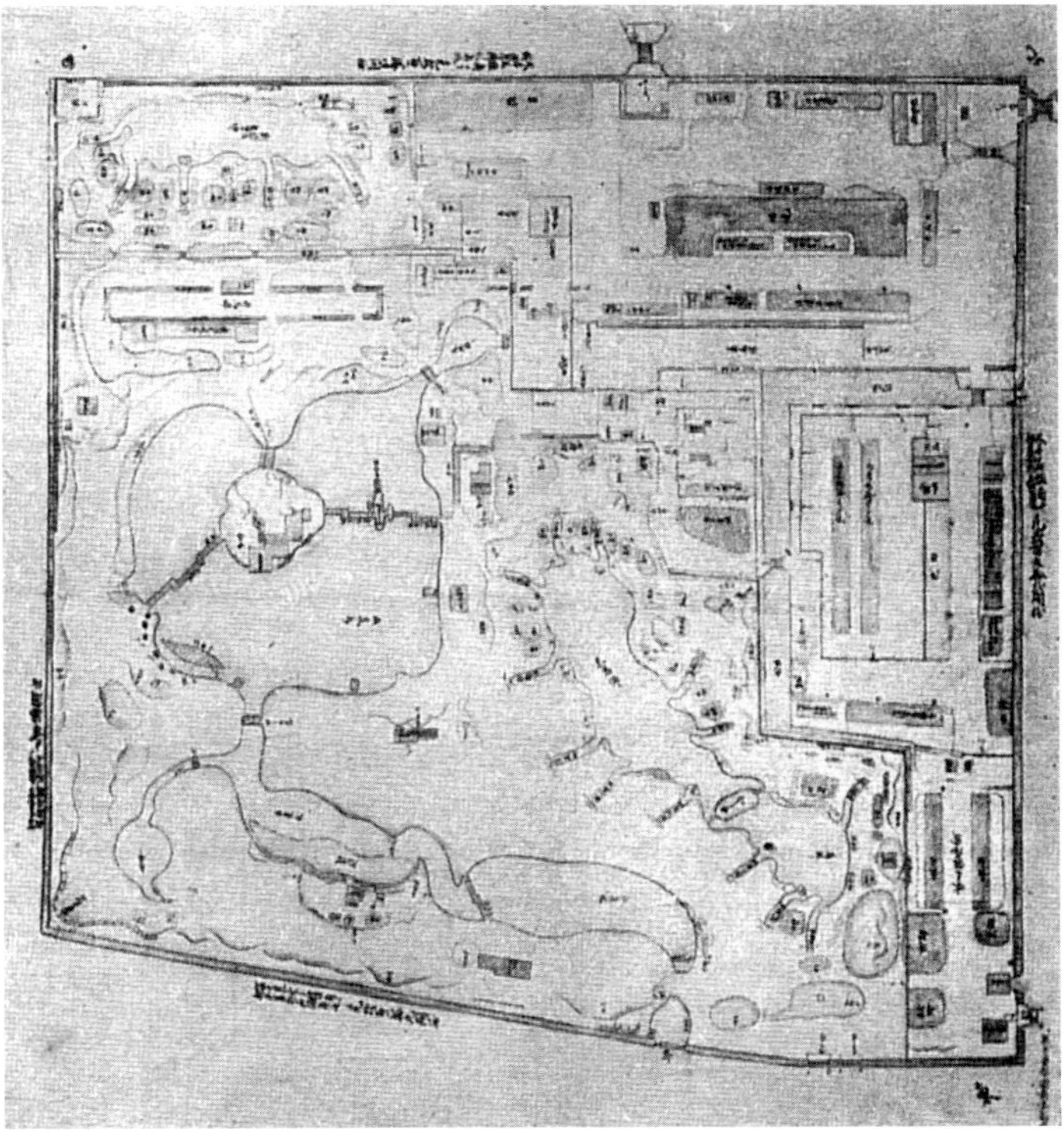

図3-3●江戸後期の浜御殿（「浜御庭内外惣絵図」天保 15 年［1844］）

写真3-2●旧浜離宮恩賜庭園の鴨堀

城砦化する浜御殿

十二代家慶の時代になると、利用よりもなぜか修復が目立つ。弘化四年（一八四七）七月八日に御腰掛・乗馬御覧所など、翌嘉永元年（一八四八）八月二十四日には中島の茶屋・上水樋桝、同二年閏四月二十日には茶亭などの修復を、小普請奉行が行なっている。

だが、嘉永六年六月三日にペリーがアメリカの艦隊を率いて浦賀に入港したことから、浜御殿は城砦化していくことになる。その後、将軍は十三代家定、十四代家茂、十五代慶喜とあわただしく変わり、慶応二年（一八六六）十一月十七日に、浜御殿は海軍奉行の所轄になって「海軍所」となっている。明治維新後には東京府に引き継がれ、明治三年（一八七〇）閏十月二十三日には宮内省の所管となり、「浜離宮」と改められた（前掲『浜離宮庭園』）。

4　大庭園ゆえの改変の歴史

明暦三年（一六五七）の大火で本丸とともに二の丸も焼失するという事態になり、防災のための区域として吹上がつくられることになった。四代家綱が吹上の利用を始めて、五代綱吉がもっぱら吹上を利用するようになるのは、その頃に吹上の庭園が完成したということなのだろう。

吹上の庭園の特色は、散在する茶屋の周辺に園池や流れが設けられ、各所に長大な馬場が置かれていて、全体としてまとまりがないということにある。避難広場としての広大な面積の「広芝」を中央に置いたために、その残りを憩える場所として改修するしか方法がなかったようだ。八代吉宗が吹上を実験場として利用できたのも、「広芝」以外は改変が自由だったからだろう。

浜御殿では京都からの使節を接待したり、幕府の軍船を観閲する公的な場所として使ったりしているが、浜御殿の最大の魅力は庭園を媒体として海を味わえたことだった。十一代家斉は浜御殿の園池で思う存分狩猟を行ない、妻と娘は園池で釣りを楽しんでいる。

いずれにしても、吹上や浜御殿の庭園は、本丸や西の丸、二の丸などと違って、いかにも将軍の所有らしい広大なものだった。それだけに、代々の将軍によって、さまざまに改変され利用されたようだ。吹上と浜御殿の利用が進むと、反対に本丸・二の丸・西の丸の庭園利用は減少する傾向があった。将軍にとって吹上と浜御殿は、まさに公務を忘れることができる開放された場だったのだろう。

第4章 大名の庭園——海・河川の利用

1 江戸時代の大名屋敷

よく「何々藩の江戸屋敷」という言い方をするが、大名屋敷は使用目的に応じて、上《かみ》屋敷・中屋敷・下《しも》屋敷・抱《かかえ》屋敷・蔵屋敷などに区分されていた。そのため大規模な庭園が存在する屋敷は限られていた。

上屋敷は大名と妻子が居住する江戸城に近い公的な邸宅で、一ヵ所と定められていた。大規模な御殿が建てられていたことや、藩士が居住する建物が大きな面積を占めていたために、大庭園があるものは少なかった。しかし、もともと下屋敷だったものが上屋敷になっている場合などは、名園が存在する所があった。

中屋敷は隠居した藩主や嗣子《しし》、上屋敷に収容しきれなかった藩士などが居住した場所だった。政務のための表御殿や居住のための奥御殿などの殿舎群があり、小規模な庭園や厩《うまや》・馬場が付属していた。こうした建物が面積を占めていたために、中屋敷には名園は少なかった。

下屋敷は上屋敷などが災害にあった場合の避難場所として建てられたもので、各大名が複数所有していたことから数は多かった。広大な面積だったことから大規模な庭園がつくられ、藩主の休息や賓《ひん》客《きゃく》の接待のために使われていた。名園の多くはこの下屋敷の庭園だった。

抱屋敷は食料の供給場所として田畑などが多くの面積を占めていたが、まれに広大な庭園がつくられた例もあった。蔵屋敷は藩の米や農産物を収納しておく所だったために、多くの蔵や業務をする建物があるだけで、観賞して楽しむ庭園は設けられなかった。

大名の拝領屋敷の規模については、元禄六年（一六九三）に本所に新たに屋敷が与えられた際の「拝領屋敷格坪覚」（『江戸叢書［一二］』が参考になる（『新編千代田区史』通史編）。一万石以上を見ると次のようになっている。

一五万石～一〇万石　七〇〇〇坪

九万石〜	八万石	六五〇〇坪
七万石〜	六万石	五五〇〇坪
六万石〜	五万石	五〇〇〇坪
五万石〜	四万石	四五〇〇坪
四万石〜	三万石	三五〇〇坪
三万石〜	二万石	二七〇〇坪
二万石〜	一万石	二五〇〇坪

元文三年（一七三八）にも「大名屋敷割基準」を制定して、上屋敷の面積を禄高に合わせて規制しているが、元禄六年と差異はない。上・中・下屋敷は幕府からの拝領地だったので、売買・譲渡は禁止されていたが、「相対替《あいたいがえ》」と呼んだ方法によって、屋敷地を交換することはできた。

大名屋敷の数だが、安永・寛政年間（一七七二—一八〇〇）に書かれた『江戸図説』によると、上屋敷が二六五ヵ所、中・下屋敷が七三四ヵ所存在していたという（『江戸東京学事典』）。

上・中・下屋敷や抱屋敷の庭園の特色を明らかにしたいのだが、あまりにも数が多すぎてまとめきれない。そこで本書では庭園に不可欠な「水」、具体的には園池や流れに必要だった水を、どのように得ていたのかによって区分して、それぞれの庭園を見ていくことにしたい。

2 潮入りの庭

江戸の庭園の特色は、海水を使った潮入りの庭が存在したことだった。海に面していた屋敷や海水がさかのぼって来る河川に接していた屋敷も、園池をつくれば潮入りの庭になった。こうした庭園では、潮の満ち引きで園池の景色が一変するように、工夫を施すことが重要だった。

海岸の屋敷

●小田原藩の楽寿園

現在も残る旧芝離宮恩賜《おんし》庭園（港区）は（写真4-1）、当初は小田原藩主大久保忠朝《ただとも》の下屋敷だった。老中だった忠朝は延宝六年（一六七八）に、四代将軍家綱から一万三七八坪七合五勺の土地を与えられている（『御府内沿革図書』二下）。だが、土地は海中のものだったらしく、貞享三年（一六八六）の『楽寿園記』には「海を填《うず》め土を積み、石壁を畳みて漫波を限り」と、海を埋め立てて造成したと述べられている（小杉雄三『旧芝離宮庭園』）。

園の正面北側には「観日荘」という建物、東南隅に「月波」と額を掛けた楼閣が建てられていて、

写真4－1●旧芝離宮恩賜庭園の全景

園の中央には「藤架」と名付けられた方形のフジ棚があった。園内からは海上を行く船や房総の山々、品川の宿場が眺められたという。

安永五年（一七七六）から天明二年（一七八二）までに作成された「大久保加賀守芝金杉上屋敷之図」には、現在の形に近い園池が描かれている（前掲『旧芝離宮庭園』）。海岸に立地することを生かして、潮入りの庭をつくったと考えられる。現状と同じように、図の中央の中島からその横の浮島と呼ばれている小島には、引き潮のときには歩いて渡れるように、沢飛石《さわとびいし》が置かれていた（写真4－2）。西湖《せいこ》堤《づつみ》と呼ばれている中島に通じる中国風の石橋は、潮の干満に関わらずに変わらない情景を保つもの

写真4－2●旧芝離宮恩賜庭園の中島に渡る沢飛石

として、設置されたものだろう。

江戸後期には佐倉藩、御三卿の清水家、紀伊和歌山藩の所有になり、明治五年（一八七二）には有栖川宮家《ありすがわのみやけ》、明治八年に宮内省の所管となり、芝離宮と命名されている。大正十三年（一九二四）に東京市に寄付されて公園として公開されたが、昭和五年（一九三〇）に前面の海側が埋め立てられたために、潮入りの庭ではなくなり眺望も失われてしまった。

隅田川沿いの屋敷

●昭和十二年まで存在した蓬莱園

隅田川沿いは風光明媚だったこともあって、多くの大名屋敷が建てられていた。

隅田川につながる三味線堀から水を引いていた浅草（台東区）の蓬莱園《ほうらいえん》は、潮入りの名園として名高かかった。

寛永十八年（一六四一）に平戸藩主松浦隆信が引退を考え、浅草向柳原の邸に庭園をつくって向東庵と命名したのが始まりという。僧江月が小堀遠州と計画を立て、園池を造ったと伝えられている（『東京市』遊園一）。

沼地状態だった土地に庭園をつくるのに、深くて埋めるのが困難だった古くからの沼などはそのまま園池にしたという。海水が出入りしていたために、潮入りの庭になったらしい（龍居松之助「蓬莱園の思出」『庭園［十九—四］』）。江戸時代の図面にも庭園の北西部に「海潮ノ入口」と給排水口が記載されている（図4-1）。

明治維新後に書かれた『蓬莱園図記』（『東京市』遊園三）では、園の東北隅にある「岩間の迫門《せと》」は、池の水が出入りする所で、海水も入っていたと記されている。水は忍川の下流に合流して、隅田川に入っていたという。

大正十二年（一九二三）九月一日の関東大震災で罹災した庭園を調査した中に、蓬莱園が含まれている（「帝都に於ける震災調査」『庭園［五—一〇］』）。龍居松之助は蓬莱園について、次のように報告している。

図4−1●江戸時代の蓬莱園（「蓬莱園図」『東京市史稿』遊園編３）

石燈籠は全部倒れて居り、あやおる岸、おもかげの砌《みぎり》、たゆたふ浜からさし出の崎にかけての池縁は崩壊してゐる個所が多く、殊《こと》にあやおる岸とおもかげの砌とは最も甚しい。[略] 詠帰亭付近の露地も石組の崩壊によつて大分姿を変へて居り、おぼろの淵の西北隅なるよるべの石は前に落ちかゝつてゐる。[略] 建造物は竹亭も焼かれた為め、あの付近の雅

写真4-3●残存する蓬莱園のイチョウと園池跡

致ある露地はメチヤクチヤになつて見る影も無く、ゆるさぬ門は危険のために取り除けたのである。それ故池の北岸は気の毒な情態になつてゐる。

石燈籠はすべて倒れ、園池の護岸も崩れ、建物は焼失して露地も見る影もないというほどに、地震によって蓬莱園はひどい被害を受けている。川べりの埋立地だったことが、被害を大きくしたのだろうか。

その後、東京市が学校用地として買収して園池を埋め立てたために、昭和十二年（一九三七）に蓬莱園は消滅したといわれてきた。だが、蓬莱園の跡地は現在、東京都立忍岡高等学校になっているが、校内に蓬莱園の「望潮の入江」といわれる部分と、植栽されていたイチョウの大木が残っている（写真4－3）。

●小田原藩の江風山月楼

下屋敷ばかりでなく、中屋敷にも潮入りの庭があった。小田原藩主稲葉正則は寛文元年（一六六一）に、本所の屋敷地の替地として木挽町《こびきちょう》海辺の地（中央区銀座南東部）を与えられ中屋敷とした。林鵞峰《がほう》（一六一八―一六八〇）の「江風山月楼記」（『東京市』遊園一）には、寛文二年春からの造営のことが、次のように述べられている。

海を填《うず》むに土を積み、宅地を営むに石壁を畳み、漫波を限る。癸卯《みずのとう》（寛文三年）の秋に至りて、既に斧斤《ふきん》の功を終える。［略］その営作に旧材を用いて質素、すなわち知る、華を捨て倹を取るの謂《い》なり。

海中の土地を与えられたことから、土を積んで海を埋め立て、波を防ぐために石垣を築いて、宅地を造成している。建物は旧屋敷を解体して再利用したもので、質素だったという。竣工まで一年半かかっているから、出費も大変なものだったのだろう。同じ小田原藩の庭園だった関係か、先の『楽寿園記』の文章は鵞峰のこの文を借用しているようだ。

当時、海際に築かれた石垣の規模については、文政十年（一八二七）の『地誌御調書上帳』（港区立みなと図書館編『文政のまちのようす　江戸町方書上［一芝編上］』）に、芝田町二丁目（港区）の海手の石垣の高さは「南の方　一丈二尺二寸（約三・七メートル）、北の方　一丈一尺八寸（約三・六メートル）」と報告されている。芝田町八丁目でも「一丈（約三・〇メートル）余りより一丈二尺（約三・六メートル）ほど」という状態だった。高さがある上に長かったから、石垣を築くのは大変だっただろう。

江風山月楼の園池については、

一庭に三池を開き、もって海潮を引く。長堤を築き、もって破ぶるを界《さかい》す。明月ここに臨めば、すなわち西湖《すいこ》の三潭《さんたん》の印を髣髴《ほうふつ》す。

と記されているので、潮入りの三つの園池が設けられていたことになる。これらの園池は長い堤で仕切られていたので、中国の西湖の光景のようだったという。

●松平定信の築地の浴恩園

奥州白河藩主松平定信（一七五八—一八二九）は、寛政の改革を行なったことで有名だが、庭園好きという性癖は直しようがなかったらしい。よい屋敷地を得るためにした苦労を、定信は晩年に『宇《う》下人言《げのひとこと》』に書いている。

海を埋め立てて別荘を造営することについては、「入費過分、ことに波濤《はとう》の患《うれい》あり」と述べている。実例としては一橋家の向築地の別荘を挙げ、

去年去々年の波うち揚《あげ》て御石垣も過半くづれたるうへ、御やしきに住む人もみなおそれて外へうつり度《たし》とはいふ也。

と記している。ここは先の小田原藩の江風山月楼だった場所だが、所有者も変わってかなり荒廃していたらしい。

延宝八年(一六八〇)八月六日に津波によって、本所(墨田区)・深川(江東区)と浜町・霊巌島《れいがんじま》・八丁堀・木挽町・築地・鉄砲洲(以上中央区)・芝(港区)などで、溺死者七〇〇人あまりという被害がでている(吉原健一郎・大濱徹也編『江戸東京年表』)。江風山月楼もこの津波の被害を受けたに違いない。だが、定信は石垣が波に打ち砕かれたこの一橋家の別荘地を、寛政四年(一七九二)に拝領して庭園を造営し、浴恩園と命名している。

この庭園の全貌は、天保十一年(一八四〇)に描かれた極彩色の「浴恩園真写之図」(個人蔵)(図4-2)によって知ることができる(白河市歴史民俗資料館『定信と庭園』)。一万六〇〇〇坪ほどあった敷地一杯に大きな園池を掘り、中央に土手状の出島を築いて池を二分して、右側を春風の池、左側を秋風の池と命名している。回遊式の庭園だったことから、池の周囲には春風館・秋風亭をはじめとして、

図4−2●浴恩園の春風の池と秋風の池（「浴恩園真写之図」個人蔵、写真提供・桑名市美術館）

趣の違ったいくつもの茶屋が建てられている。左側手前の御殿の傍らには楼閣が建造されて、園池を眺望できるようになっていた。植栽については、春の区域にはサクラ、秋の区域にはカエデを数多く植えて、季節感を出すように工夫がされている。

定信は後年『菟裘《ときゅう》小録』に、次のように言っている。

庭はたゞ地勢といふものあり。海ちかきところはたとへ海などみゆるにあらねども、木だちといひ吹《ふく》かぜまでも海のおもむきはある也。それをみやま（御山）のつきにつくらんとしては、おのづからのけしきにさからふもの也。

海に近い場所では海の趣というのが感じられるのだから、月を眺められるように築山をつくるという一般的な庭の作り方をすることは、景色にさからうことだとしている。これは浴恩園で実践したことだろうか、それとも反省なのだろうか。

浴恩園は定信が亡くなる文政十二年（一八二九）に、神田からの火事で全焼した。浴恩園跡地は明治維新後には海軍用地になり、関東大震災後には東京市中央卸売市場が建設された。明治十七年（一八八四）の参謀本部陸軍部測量局作製の地図には、海軍兵学校の敷地内に浴恩園の園池が記載されている（槌田満文編『明治時代東京区分図』）。「浴恩園真写之図」の中島の形と配置を比較してみると、春風の池が西側で秋風の池が東側ということがわかる。「浴恩園真写之図」の右上隅にかすかに描かれている山は、方角からすると富士山ということになる。

関東大震災の頃まで、まだ面影を留めていた春風の池・秋風の池には、門跡前の水門と不崩の岸の水門からは、海水が自由に出入りしていたらしい。江戸時代には園池に、ボラ・シラウオ・コハダ・スズキ・カレイ・コイ・フナ・ウナギ・ハゼなどが数多く生息していたが、特にボラが多く、三尺（約九〇センチ）以上のものもいたという話も伝わっている（『中央区三十年史』上）。

●深川の潮入りの庭

深川（江東区）は埋め立てられて町が形成されたところだが、掘割《ほりわり》は隅田川につながっていたので、この付近の屋敷の庭園は潮入りの園池が多かった。小日向《こびなた》（文京区）の廓然寺の住職だった大浄（津田敬順）は、深川の大名屋敷のことを文政三年（一八二〇）の『遊歴雑記（四上十）』に書いている。信濃松代《まつしろ》藩真田家の深川佐賀町の下屋敷は、

此林泉南北の長さ凡《およそ》二町半（約二七三メートル）、東西は一町許《ばかり》（約一〇九メートル）、［略］真中に泉水あり。南北は長く、東西は狭し。

というものだった。園池の水は海水を使っていたから、いくらでも引き入れることができた。園池の様子については、

汀の洲崎の奇麗《きれい》さ、白き小砂利のみ敷たるあり。黒き小砂利のみ敷たるもありて、出崎ありて、入側ありて、渚巧《たくみ》に溶《とけ》り。

と記されている。敷く砂利の色を変えたり、汀線の出入りに変化を持たせたりするなど、巧みな造形がしてあったようだ。

この園池での釣りについては、

元より汐入なれば、鮠《スハシリ》といふ魚の水上へ飛あがる風情の珍らしく、藩中の少人なるもの二三人、手長海老といふものを釣上るあり、又鮠を釣もありて見覚《みざめ》しく見物しけり。

と述べられているように、藩邸長屋に住む下級武士の子供たちが手長エビを釣っていた。「鮠」は普通「はや」と読むのだが、「スハ（バ）シリ」と振り仮名をつけているのでボラの稚魚だとわかる。

大浄は文政九年（一八二六）頃に、富岡八幡宮の対岸にあった津和野藩亀井家の深川佃町の浜屋敷も訪れている（『遊歴雑記』五上六）。

池泉広き事長さ三四十間（五四・五―七二・七メートル）、幅も二拾余間（約三六・四メートル）あるべし。［略］泉水は汐入なれば、鰶鰤《コノシロ》・鯔《イナ》・鱚《キス》の類、夥《はなはだ》しく生ずとなん。

やはり園池は海水を引き入れたもので、広大なものだった。富岡八幡宮の対岸だから、この園池の水は掘割から引いていたことになる。コノシロ・イナ（ボラの幼魚）・キスが釣れていたことからも、海水が入っていたことがわかる。

●茅場町・芝新銭座の潮入りの庭

小沢圭次郎の「明治庭園記」（『明治園芸史』）には、大名屋敷の潮入りの庭について、いくつか例が挙げられている。丹後田辺藩牧野家の茅場町（中央区）海賊橋の上屋敷は、文化六年（一八〇九）の『田辺牧野公邸園池記』（『東京市』遊園二）に、「池暗溝を作り甲渡しに通す、潮汐往来す。閘《ひのくち》ありてその水を呑み吐く」とあるように、鎧《よろい》の渡しに設けられた水門から、海水を取り入れ潮入りの庭としていたという。

会津藩松平家の芝新銭座（港区）の中屋敷にも、大規模な潮入りの園池があったらしい。しかし、真水の小園池も二ヵ所あって、水草が植えられていたという。景勝地とされた十二景の中には、「双《そう》蓮池《れんち》」と呼ばれていた園池がある。名前からするとハスが植えられていたと考えられるので、これも真水の池だったのではないだろうか。真水の園池の水源としては、上水しか考えられない。海岸近くの屋敷の園池は、すべて潮入りだったとは言えないことになる。

3　河川利用の庭園

河川としては江戸城の東側に隅田川が位置していたが、海水がのぼって来るために、深川あたりでは潮入りの園池になってしまった。西側には多摩川が流れていたが、直接利用するには遠すぎたようだ。真水がそのまま利用されていた河川としては、石神井川《しゃくじいがわ》がある。

石神井川の利用

石神井川を取り入れたのは、加賀藩前田家の板橋の下屋敷（板橋区加賀一・二丁目、板橋一・三・四丁目・仲宿）だった。加賀藩の参勤交代が中山道回りに定められたことから、下板橋宿・十条村・滝野川村などの入会地（共有地）六万坪を、延宝七年（一六七九）に下屋敷として幕府から拝領したのだが、最終的には二一万七〇〇〇坪余りという広大な敷地になっている。文政七年（一八二四）の「下屋敷御林大綱之絵図」（金沢市立玉川図書館）（図4-3）によると、御殿は南東側に置かれていて、ほかはすべて庭園になっている。中央部分に園池が設けられ、その北側背後に石神井川が流れていた（『区制六〇周年記念図説板橋区史』）。

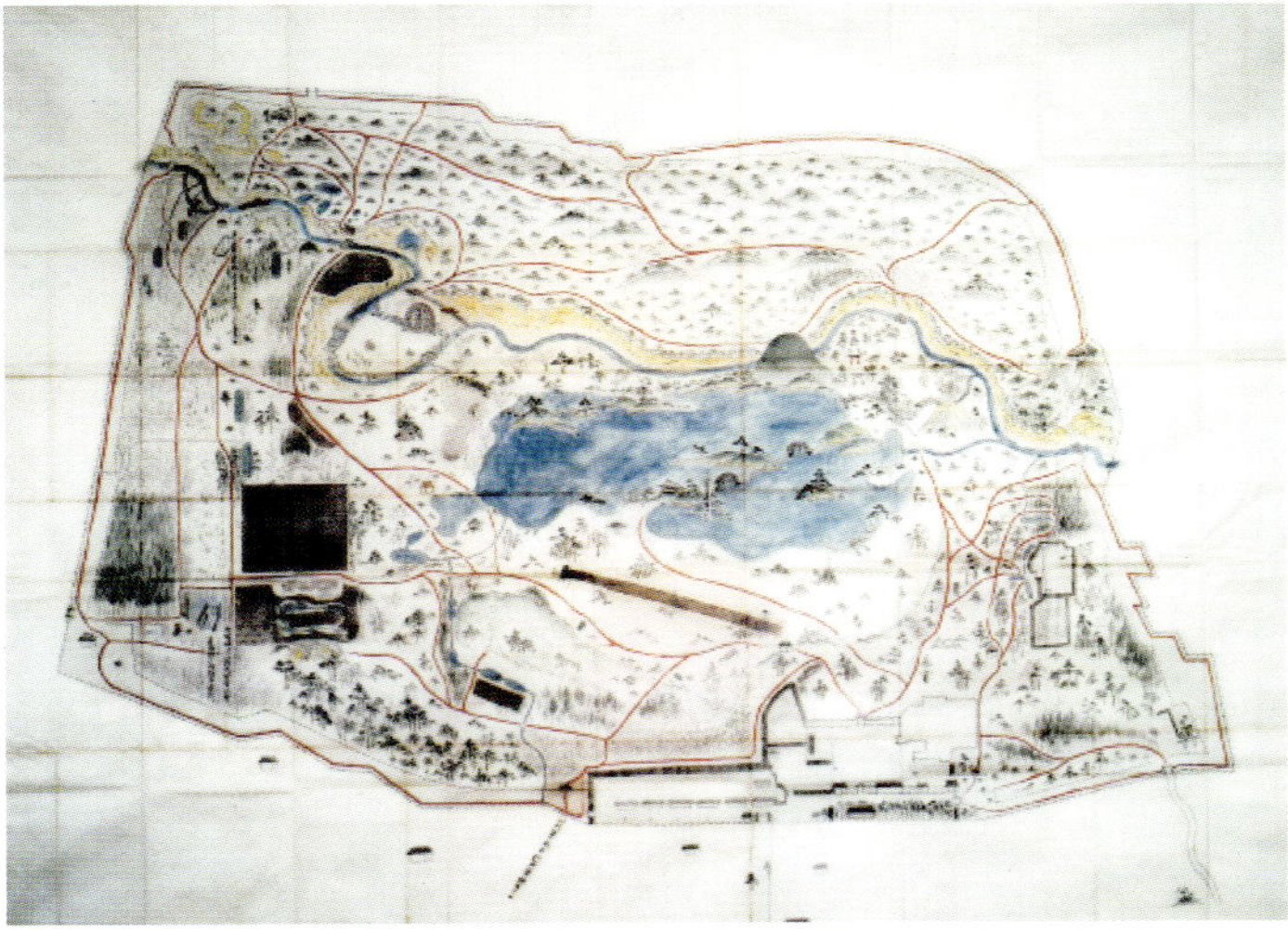

図4−3●加賀藩板橋の下屋敷の庭園（「下屋敷御林大綱之絵図」金沢市立玉川図書館蔵）

石神井川の上部から引き入れた流れは、北西側から園池に流入していた。流れの幅からするとかなりの水量だっただろう。また、南側からも別系統の細い流れが、園池に注ぎ込んでいる。最終的に園池の水は、東側で二ヵ所の水門から石神井川に排出されていた。排水路には途中に滝が設けられているから、園池は石神井川の下流部よりも大分高かったことになる。

石神井川と園池が分離されていた理由は、現地に行くとよく理解できる（写真4−4）。庭園や建物の遺構は何も残っていないが、石神井川の横の遊歩道から川底までは、一〇メートルほど高低差があることがわかる。近年の河川工事で掘り下げられているとしても、江戸時代でも

写真4-4●加賀藩板橋下屋敷付近の石神井川の現況

かなりの深さの川だったに違いない。図をよく見ると、石神井川の北岸には崖が続き、園池側の南岸にも一部に崖の表示がされている。園池も御殿よりも一段低いように描かれているから、石神井川の河岸段丘上に御殿を建て、氾濫原に園池を掘ったと考えられる。園内からは気軽に川底へは降りて行けなかったのではないだろうか。

文政十二年（一八二九）三月二十六日に、十三代藩主斉泰《なりやす》が水車を見ているが、水車部分は低い所なので、このときは崖の間を降りて行ったことになる。藩主たちは庭園内を回遊したり舟遊びを行なったりしているが、めったに神井川には降りずに、高い場所から川を眺めて楽しんでいたのだろう（『板橋区史』通史編上）。

4 低地の庭園とその弱点

戦国時代は戦争に明け暮れて、優雅に風情を楽しむ余裕は十分になかったが、江戸時代になって平和な世の中に変わると、生活に余裕ができたことから、建築を豪華にして大規模で優美な庭園をつくるようになった。江戸時代の大名庭園というのは、形式的には「回遊式庭園」と呼ばれるものだった。

しかし、江戸では海岸近くに立地した大名屋敷も多かった。園池の水に海水を使うしかないということは、塩気があるために淡水に住むコイを飼えず、カキツバタのような水草を植えることができないので、条件としては最悪だった。ところが、海水の持つ性質を逆に生かして、海水の満ち引きによる庭園の風景の変化を楽しむという、それまで誰も考えなかった「潮入りの庭」が創り出された。海の魚を釣るという楽しみもできたのだが、松平定信が述べているように、海が荒れると被害は大きいという弱点があった。

石神井川を利用した加賀藩前田家の下屋敷のように、真水を園池に取り入れることができた場合もあったが、河川の水と海水が混ざり合う汽水域《きすいいき》だった隅田川沿いの深川・本所に、屋敷を構える大名も多かった。河川の眺望が楽しめるだけでなく、船遊びの楽しみがあり、実用的な面では船で物品を輸送できたことや、河川による防火効果があったことも魅力だったのだろう。ここでも海水が上って来ることを利用して、「潮入りの庭」がつくられている。しかし、隅田川流域も海岸付近と同様に水害の恐れがあった。

このように海岸縁や低地の河川下流に位置する庭園に対して、一方では高所の台地につくられた庭園が存在した。台地ではどのようにして、水を得ていたのだろうか。次章では、台地に視線を移して大名庭園を見てみよう。

第5章　大名の庭園――上水・湧水の利用

1　上水・湧水を利用した大名庭園

現代では大面積の園池を掘ったときには、地下水をポンプで汲み上げて使用することが多い。だが、江戸時代はそうはいかなかった。江戸城の北側や西側の高台に位置する屋敷では、飲料水ならば井戸でも得られたが、園池のための大量の水は江戸城下に敷設された水道（上水）に頼るしかなかった。江戸時代では上水を町屋にも供給していたので、かなりの水量を必要としただろうから、大名の庭園にまでまわす余裕はなかったように思えるのだが、意外なほどよく使っている。水源が異なるいくつもの上水があったので、系統別に庭園との関係を見ることにしたい。

高台では乾燥していて湧水はなかったように思えるのだが、地形によっては湧き水が存在した場所があり、園池に利用していた大名屋敷もあった。この湧水を使用した庭園についても見てみたい。

2 上水利用の庭園

江戸城下では良い水が得られなかったことから、遠方の河川や池から引いた上水が利用されていた。正徳五年（一七一五）から享保三年（一七一八）までの間に作成されたとされる「江戸上水配水図」（個人蔵）（図5−1）に、江戸の上水の全体を見ることができる（『東京市』上水一）。最初に武蔵野の井《い》の頭《がしら》池を水源とする神田上水が設けられているが、その年代については、徳川家康が江戸に入国した天正十八年（一五九〇）という説と、家光時代の寛永年間（一六二四―一六四三）説がある。神田上水は神田一円と江戸城、京橋川より北側の町々へ給水するものだった。

神田上水だけでは膨張した江戸の飲料水をまかなえなくなり、承応二年（一六五三）に多摩川から取水する玉川上水の開削が着工された。翌三年に完成して、江戸城内と京橋川より南側の銀座（中央区）・尾張町（同）などに給水している。

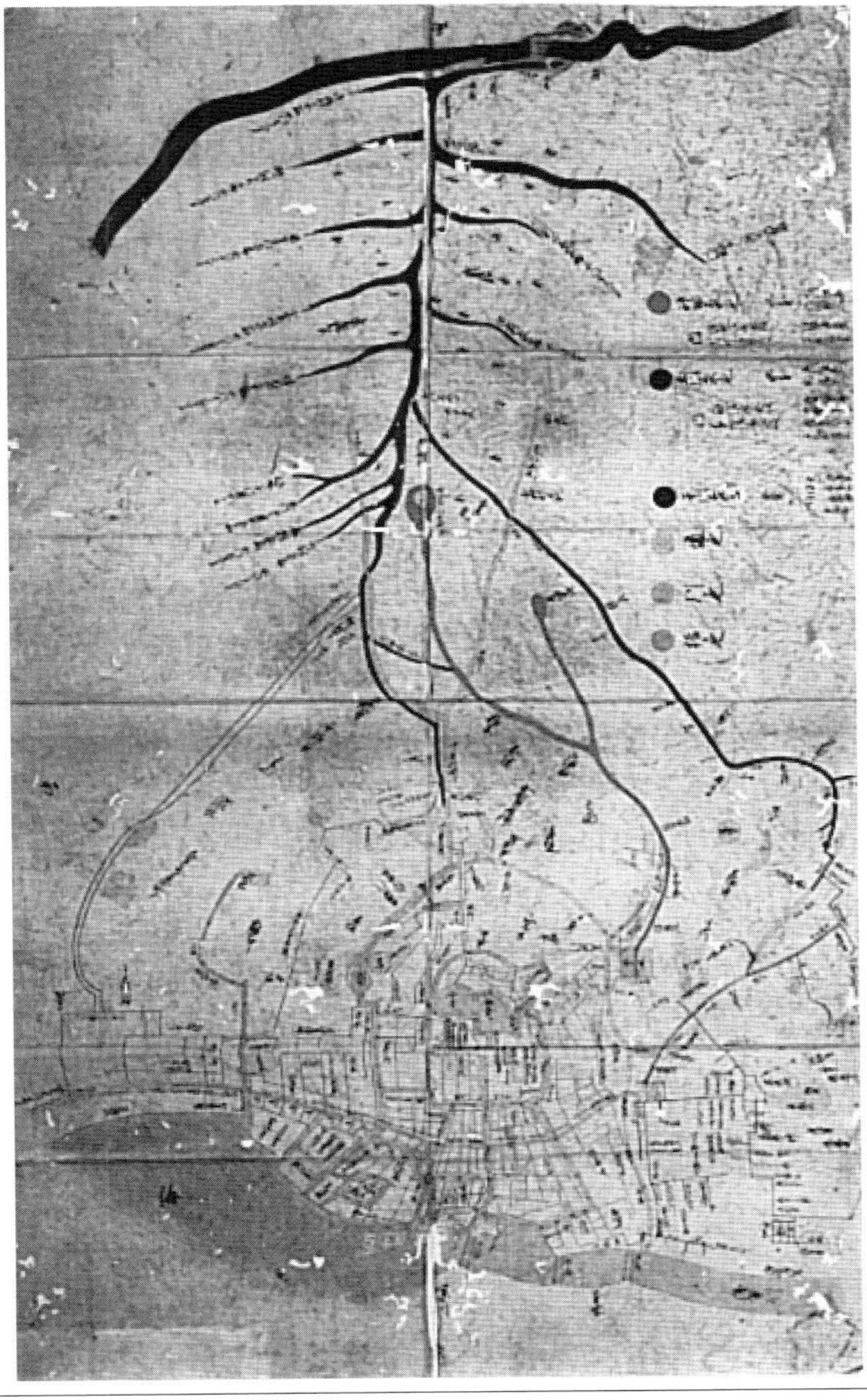

図5-1●江戸の上水図（「江戸上水配水図」個人蔵。詳細は『東京市史稿[上水篇第一]』の付図を参照）

万治二年（一六五九）に亀有上水《かめありじょうすい》（本所上水）、万治三年に青山上水、寛文四年（一六六四）に三田《みた》上水、元禄九年（一六九六）に千川《せんかわ》上水が開設されている。玉川上水から分水した青山上水と三田上水は、江戸城西南の現在の港区にあたる青山・麻布《あざぶ》・白金《しろかね》・三田・芝などへ、元荒川《もとあらかわ》を水源とした亀有上水は本所（墨田区）・深川（江東区）地域へ供給された。やはり玉川から取水していた千川上水は、江戸の北部の本郷（文京区）・湯島（同）・外神田（千代田区）・下谷《したや》（台東区）・浅草（同）などへ給水していた。しかし、これら四上水は諸事情から享保七年に廃止された（伊藤好一『江戸上水道の歴史』）。

上水道を利用するのには、大名でも「水銭」と呼ばれた使用料を払わなければならなかった。『伊達治家記録』（『東京市』上水二）によれば、五〇万石より一〇〇万石までは上屋敷の場合、一〇〇石に付き一分三厘、中屋敷・下屋敷は半分の六厘五毛という割合だった。

神田上水の利用

●水戸藩の小石川後楽園

現在も残る小石川後楽園（文京区）は、御三家の一つ水戸徳川家の上屋敷（当初は中屋敷）だった。寛永六年（一六二九）に徳川頼房は、小石川の地七万六六八九坪を与えられている。『後楽園紀事』（元文元年［一七三六］）によれば、幕府の儀式などを取り仕切る高家《こうけ》の一人だった徳大寺左兵衛が、

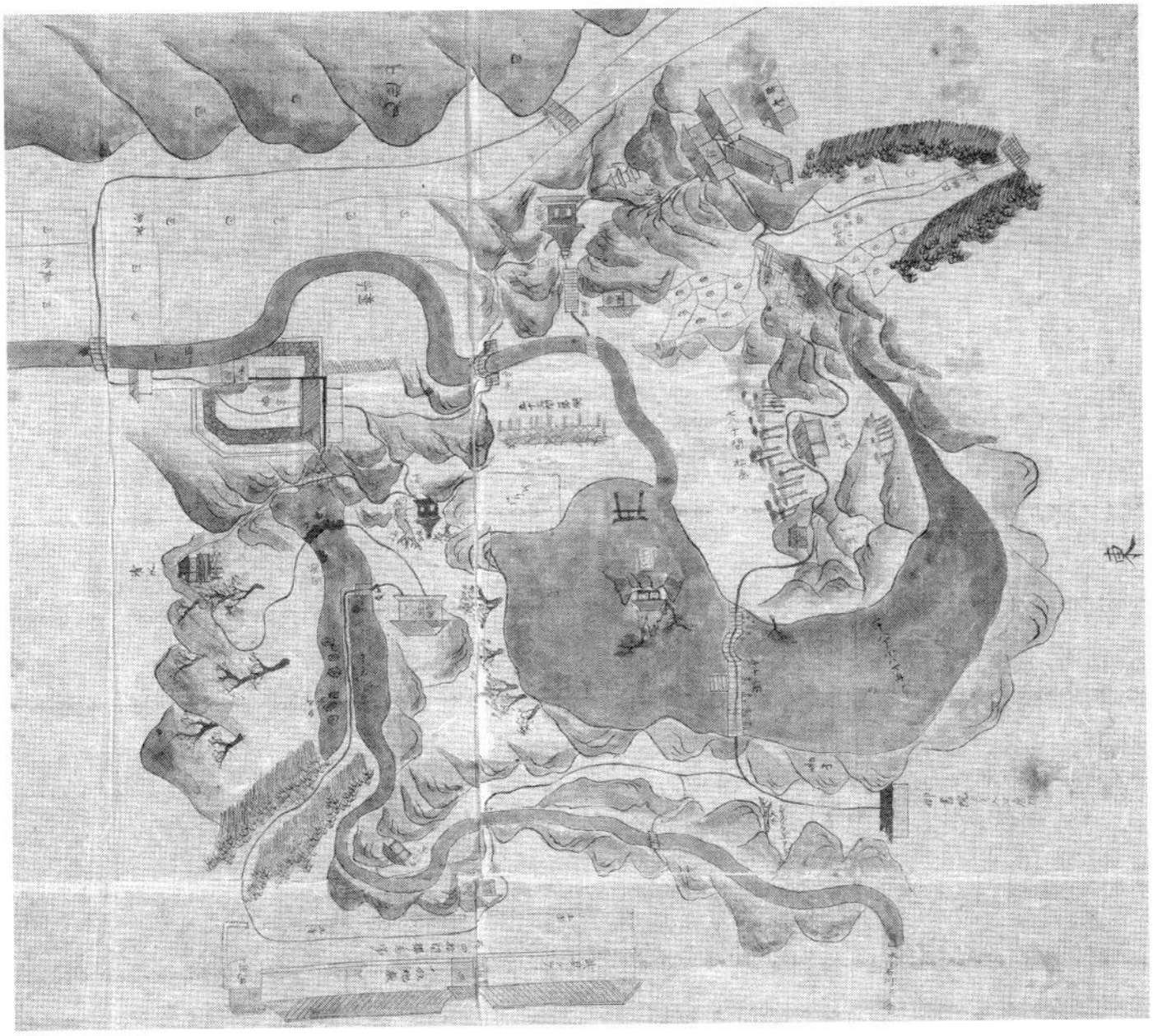

図5−2●江戸初期の小石川後楽園（「水戸様江戸御屋敷御庭之図」彰考館蔵）

自然の地形に合わせて作庭を行なったという。もっとも古いとされる「水戸様江戸御屋敷御庭之図」（彰考館）（図5−2）では、中央の園池に長さ五十三間（約九六メートル）の木橋が架かっている。このことは現在の景観と大きく異なっている点だった。

　先の「江戸上水配水図」にも、水戸殿屋敷内に神田上水が流れていたことが示されているが、「水戸様江戸御屋敷御庭之図」から神田上水を幅三間（約五・五メートル）の流路で引き入れていたことがわかる。番所の近くには水田などへ用水を汲み上げる「竜骨車《りゅうこつしゃ》」が据《す》えられていて、木樋で音羽滝へ水を送っていたらしい（吉川需『小石川後楽園』）。『常陸帯《ひたちおび》』（『東京市』遊園一）の元禄十年（一六九七）の記事に「滝をきくには音羽堂」とあることからすると、現在も音羽の滝跡として残る石組が、滝としては主要なものだったようだ。『後楽園紀事』には蓬萊《ほうらい》島と呼んでいた中島にも、高い滝が存在していたことが書かれている。昭和五十九年（一九八四）に大泉水の浚渫の際に池底から発見された木樋が、この中島の滝への給水管だったとされている（五島聖子ほか「小石川後楽園の水景の変遷に関する史的考察」『ランドスケープ研究［六二―三］』）。

天明四年（一七八四）の大田南畝の『後楽園の記』（『東京市』遊園二）になると、「池の汀《みぎわ》にいて、かへりみ見れば滝おとし」というように、現在の白糸の滝ができている。しかし、当時の呼び名は「素麺《そうめん》の滝」だった。

「水戸様江戸御屋敷御庭之図」では、上水は「車橋」と呼ばれていた円月橋（写真5-1）の下をくぐり、現在の白糸の滝の流路で園池に流れ込んでいたことは、現在とは違っている。一方、音羽滝から落ちた上水の水は、大堰川《おおいがわ》から西湖堤のある園池を経《へ》て、太い流れとなって南側外の小石川へと落ちている。小石川後楽園にとって、神田上水はなくてはならないものだったと言える。しかし、現在は神田上水が廃止されたために、地下水をポンプで汲み上げて園池に流し入れている（前掲『小石川後楽園』）。

写真5－1●小石川後楽園の円月橋

●蒲生忠郷邸の園池

　将軍家光が寛永元年（一六二四）四月五日に、蒲生忠郷《がもうたださと》の邸を訪れている。御成りのために門を建て、柱には金で藤花をちりばめ、扉には仙人・羅漢の像を彫っていて、その豪華さは比べるものがないほどだったという。『実紀』は庭園について、「池には樋をもつて玉川の水をせきいれしかば、池広くして大河かとうたがふ」と述べている。

　木樋で玉川から水を引いて、広大な園池をつくっていたというのだが、玉川上水が完成したのが承応三年（一六五四）なので、このまま考えれば、直接多摩川の水を引いていたことになる。しかし、江戸初期に江戸城から遠く離れた多摩川近くに、屋敷を構えて立派な御成り門を建てたはずはないので、当時すでにあった神田上水を利用していたと考えられる。

玉川上水の利用

●紀州徳川家の西園

港区元赤坂二丁目にある赤坂離宮は、寛永九年（一六三二）に紀州徳川家が幕府から拝領したもので、中屋敷として使用された。敷地面積は天保年間（一八三〇―一八四三）には、抱地《かかえち》を除いて一三万四八一七坪になっている。

寛文元年（一六六一）に紀州藩主徳川頼宣《よりのぶ》（一六〇二―一六七一）は、将軍家の「御庭作り」役だった山本道句（道勺の誤りか）・鎌田庭雲を招き庭園を改修しているが、寛文八年に御殿が類焼している。その後も庭園の改築は行なわれ、享保十二年（一七二七）に西の御茶屋（洗心亭）、同十六年に九十間の馬場（青崖埒《せいがいれつ》）、元文四年（一七三九）に森川御茶屋（鳳鳴閣《ほうめいかく》）の続きに御数奇屋と御腰掛、寛延二年（一七四九）に稲荷社、同三年に御池（積翠池《せきすいち》）の端の御腰掛と走井御腰掛（枕流牀《ちんりゅうしょう》）が建造されている。

だが、宝暦二年（一七五二）一月五日に屋敷が焼失したことから、幕府から金二万両が見舞金とし

図5-3●紀州徳川家の西園（「赤坂区地図」明治16年・17年）

て与えられ（『実紀』）、庭園も復興されたようだ。その後、文政十年（一八二七）に白虹台（滝見御茶屋）が修築されているが、天保六年（一八三五）三月に御殿は再び焼失してしまい、同十一年八月に再建されている（『東京市』遊園一など）。

「天保六年ヨリ同一二年迄御造営御本殿表奥大奥御広敷四分計御絵図」（和歌山県立博物館）という長い名称の図には、玉川大樋筋から木管で上水を邸内に引き込んでいた様子が描かれている（高橋克伸「紀州藩江戸中屋敷について」『和歌山市立博物館研究紀要［四］』）。この上水が園池にも使われていたと考えられる。文政十一年に書かれた『鏡花水月』（『東京市』遊園三）にも、漱玉泉《そうぎょくせん》のことが「これは玉川の水をひかせられて、すべてみそのふ（御園生）のうちへ分ちそゝぐ」と説明されている。

明治十六（一八八三）・十七年の「赤坂区地図」（図5-3）に記載されている中央の「御馬場」が九十間の馬場、その横の「広芝」が鳳鳴閣前の広場に該当する。また、「広芝」の南側に谷をはさんで「洗心亭」と記入されていることから、洗心亭の位置を確定できる（近藤壮「大名庭園「西園」と赤坂離宮」『和歌山市立博物館研究紀要［二十］』）。

御殿は仮皇居の位置に建っていたと論証されているので（前掲「紀州藩江戸中屋敷について」）、園池の形もおそらく江戸時代に近いだろう。地図では御殿側の流れと、北側中央外部からの細い流れが園池に注ぎ込んでいるが、江戸時代も同様だったのではないだろうか。

●熊本藩細川家の戸越屋敷

品川区戸越三・四・五丁目から東中延一丁目にかけては、熊本藩細川家の戸越屋敷が存在していた。現在ではその一部が戸越公園になっている。この場所は寛文二年（一六六二）に、細川分家の熊本新田藩主の細川利重《としげ》が拝領したものだった。本家の兄の細川綱利は所持していた白金屋敷と交換して、これを下屋敷としている。当初は七二〇〇坪だったが、江戸末期には三万三三〇九坪になっている。

主な建物は翌三年に完成したが、庭園全体は寛文十一年十月三日に竣工している。竣工時の極彩色の絵図「戸越御屋敷惣御差図《そうおんさしず》」（永青文庫）（図5‐4）には、広大な庭園が描かれている。東側には御殿群と園池があり、馬場で区分された西側には東側の二倍はある敷地の中に、大規模な園池を中心とした庭園がつくられている。園池の後方の高い山は形からすると、富士山を模したものだろう。

『武蔵通志』は、寛文三年に細川利重が水路を開鑿《かいさく》して、上仙川から戸越村の屋敷まで開通させて園池に注ぐ工事を行ない、翌四年に完成させたとしている（『東京市』上水一）。前掲の「江戸上水配水図」にも、園池の水源は玉川上水だったことが記されている。

戸越屋敷は宝暦八年（一七五八）頃まで細川家が管理していたが、その後次第に分割されて、文化三年（一八〇六）には東部分が石見浜田城主松平（松井）康定の所有になった（児玉幸多監修『復元・江戸情報地図』）。文化五年の『戸越記』（『東京市』遊園二）に、細川家時代には玉川上水を引いて、滝を落とし曲水の宴をしていたのだが、水は涸れてしまったと書かれている。

●島原藩松平家の武州第一の名滝

肥前島原藩松平家はすでに延宝年間（一六七三―一六八〇）に、千代ヶ崎（目黒区）に抱屋敷を構えていた（『東京市』遊園一）。現在のJR目黒駅のすぐ北西に当る場所だった。文化十二年（一八一五）年頃の『遊歴雑記（二下三十一）』の記事には、松平家の滝を「武州（武蔵国）第一の名滝」と賞賛し

図5-4●熊本藩細川家の戸越屋敷の庭園（「戸越御屋敷惣御差図」永青文庫蔵）

ている。

この屋敷の園池は東西が一町（一〇九メートル）ほど、南北は二〇間（三六メートル）ほどだった。池の東北の方を「千代が池」あるいは「千代が崎」と呼んでいたという。三間（五・五メートル）四方の中島の東北側には「衣《きぬ》かけ松」という大木が生えていて、この近くに地形の落差を利用して巨大な滝が落ちていた。

一の滝のはゞ三尺（〇・九メートル）余、長さ三間（五・五メートル）許《ばかり》、西より東へ［略］流る。又二の滝は東より西へ迸《ほとばし》り下る。はゞ五尺（一・五メートル）ほど、長さ凡《およそ》二間（三・六メートル）余。又三の滝は西より南へ逆流［略］千代が池の汀へ落くだる。はゞ凡八尺（二・四メートル）ばかり、滝の丈《たけ》二間余。

と滝の各段の大きさが示され、平面図も描かれている（図5-5）。「都合三の滝の丈高さ三四丈」というから、全体の高さは九―一二メートルほどあったことになる。

水源については「玉川の逆流を堰登《せきのぼ》して」と、不思議な表現がされている。現在のJRの線路沿いの高台を流れる玉川上水（三田用水）を堰き止めて、滝口から流し落としていたということだろうか。大名屋敷の庭園が浮世絵の題材になることは珍しいのだが、この滝の様子は歌川広重（一七九七―一八五八）の『名所江戸百景（目黒千代が池）』に、情緒豊かに描かれている。

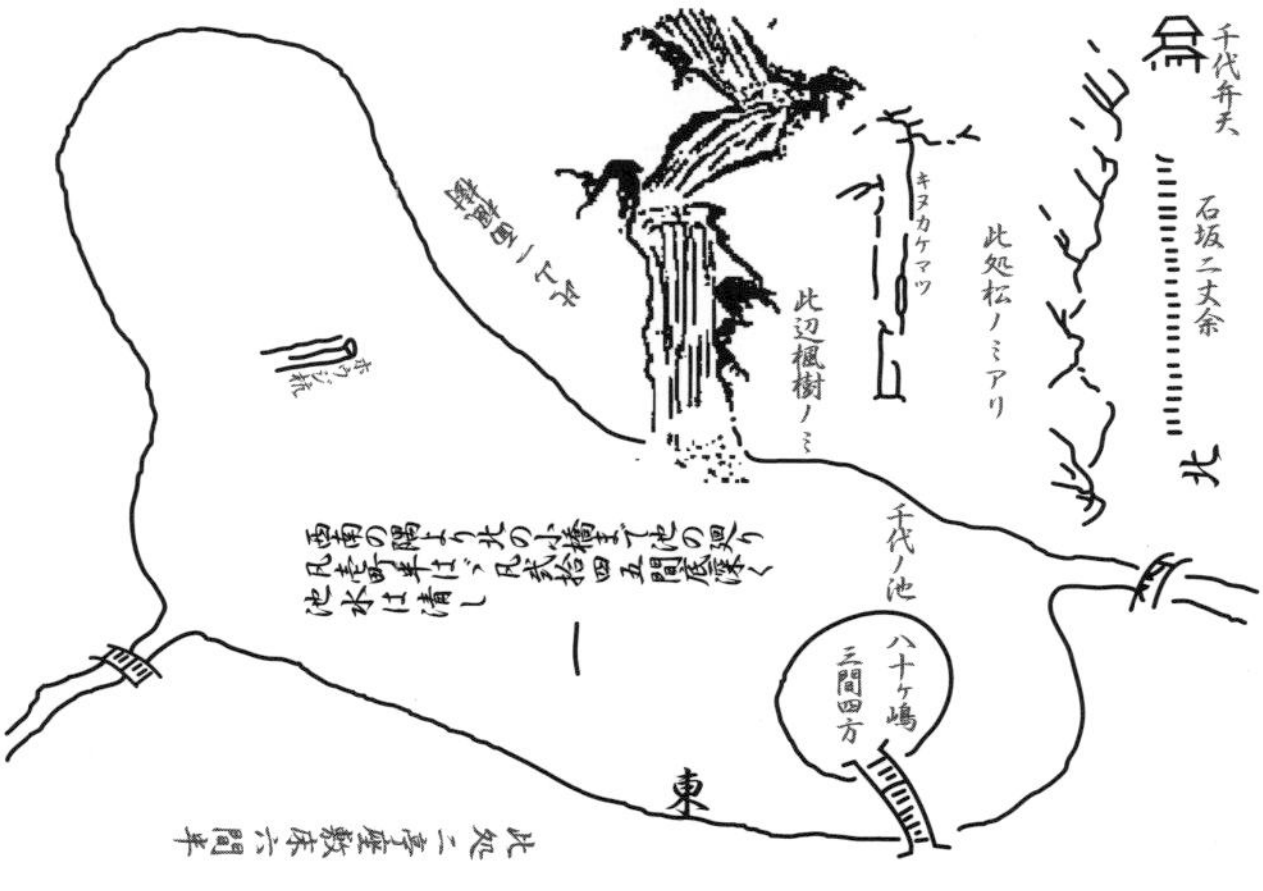

図5−5●島原藩松平家の下屋敷の滝（『遊歴雑記［2下31］』）

●発掘された脇坂・伊達・保科家屋敷

近年では発掘調査によって、江戸時代の大名庭園の様子が次第に明らかになっている。旧浜離宮恩賜《おんし》庭園の北側背後には現在高層ビルが建ち並んでいるが、以前は国鉄の貨物操車場が存在していた。港区東新橋一丁目五番地に位置するこの汐留《しおどめ》貨物駅跡地の発掘では、竜野《たつの》藩脇坂家・仙台藩伊達家・会津藩保科《ほしな》家の屋敷跡が発見されている。

脇坂家が汐留に屋敷地を拝領した年代は明らかではないが、明暦三年（一六五七）の大火後に上屋敷となり、一時的には下屋敷になるが明治維新まで存続していた。伊達家の屋敷は寛永十八年（一六四二）に下屋敷として拝領したものだが、延宝四年（一六七六）に上屋敷になっている。保科家の場合は、寛永十六年に下屋敷として拝領し、万治元年（一六五八）に中屋敷となり、延宝五年（一六七七）に海続きの土地を拝領して、総面積は二万九四九〇余坪になっている（『汐留遺跡—汐留遺跡埋蔵文化財発掘調査概報』）。屋敷は使用目的によって、時代ごとに名称も変化していたわけだが、庭園もそのたびに変化をしている。

造成方法を見ると、場所が海岸地帯だったことがわかる。脇坂家の屋敷では敷地拡張のために石垣を築きながら埋め立てを行ない、伊達家の屋敷では砂地だったことから、土留めとして杭と板を組み合わせていた。保科家の屋敷では拝領以前の工事だったため、幕府の命令で杭に竹を絡ませたり、竹を簾《すだれ》状に並べたりした簡易な「しがらみ」が検出されている（『汐留遺跡—旧汐留貨物駅跡地内遺跡発掘調査概要Ⅴ』）。

脇坂家と伊達家の藩邸で使われていた上水は、玉川上水の末端にあたるもので、屋敷内では水道管として木樋・竹樋が使われ、方向を転換する地点では桶や桝《ます》でつなぎ合わされていた（『旧汐留貨物駅跡地内遺跡発掘調査概要Ⅰ』）。上水は飲料水だけでなく、庭園にも用いられていたことが発掘から判明している。『享保撰要類集』によると、延享元年（一七四四）に仙台藩主伊達宗村は、将軍家から嫁いだ姫のために建てた御守殿で使用している水の水質が悪いので、玉川上水を引くために榎坂（港区）下の上水石垣の大戸樋に、新規に「内法《うちのり》四寸（約一二センチメートル）四方分水口」を付けたいと、幕府に申し出て許可されている（『東京市』上水一）。

写真5−2●発掘された仙台藩伊達家上屋敷の滝組（平成11年［1999］7月30日撮影）

脇坂家では東西約七〇メートル、南北約四二メートル、深さ一メートルほどの園池が検出されている。丸い川原石を積み重ねた護岸や滝石組、玉石を敷き詰めた石敷きなどとともに、屋敷内の上水施設から園池へと給水する木樋も見つかっている。

伊達家の上屋敷時代の庭園部分からは、大小二つの園池跡が発見された。大きい方の池は最初は長さ約九〇メートル、幅約三五メートルだった。この当初の状態は、享保十九年（一七三四）から天明四年（一七八四）頃に制作された「伊達家芝上屋敷絵図」（佐藤巧『近世武士住宅』）に描かれているものに合致している。その後、園池が縮小された時には、木樋から滝とそれに続く流れに導水されているが（写真5−2）、

図5-6●仙台藩伊達家の上屋敷の庭園（「江戸藩邸芝口上屋敷庭園図」仙台市博物館蔵）

この時期の庭園の光景は、十九世紀前半の「江戸藩邸芝口上屋敷庭園図」（仙台市博物館）（図5-6）に見ることができる（東京都埋蔵文化財センター汐留分室『汐留遺跡［十四号］』）。

会津藩保科家の屋敷跡というのは、保科氏が三代正容《まさかた》のときに松平氏に改姓しているので、第4章で見た会津松平家の芝新銭座の中屋敷に該当している。発掘調査は北東隅しかされていないために、長屋跡とされる建物基礎や上水施設、船入場の水路や水門跡などが検出されたにとどまっている。

林鳳岡《ほうこう》（一六四五―一七三二）が『観物園記』を書いているので、保科家の庭園の呼び名は「観物園」だったことがわかる（『東京市』遊宴二）。鳳岡によると、邸内には「聚遠」と呼ぶ三階建ての閣があり、閣上からの眺望はすばらしかったらしい。

『遺紀聞』の乙亥（文化十二年［一八一五］か）六月の条には、

一はま水（真水）にて、中に島あり。［略］一つは潮水を引る也。二町（二一八メートル）四方もあらんか。海水の入る口を三重に柵を用ひて、魚の出ざる様に構へたり。

と、園池について書かれている（前掲『東京市』）。真水の園池と、かなり広い潮入りの園池が存在していたことになる。園池に注ぎ込んでいたとみられる「匹練瀑」という滝については、「跡のみありて、水はかれたり」とされている。長屋に引かれていた上水は、園池や滝にも使われていたのだろう。

建物については、

朝陽閣は座鋪の北にあり。［略］座鋪は東南に向ひ、西に馬場あり。三丁（三二七メートル）余もあらん。（座敷は）十七畳の上座、二十畳許の次の間二つ、［略］外《ほか》に映雪館は、富士を望、聞潮亭は品海（品川の海）眼下に見ゆ。

と記されている。「十七畳の上座、二十畳許の次の間二つ」を持つ東南向きの座敷が、御殿だったのだろう。聚遠閣はなくなっていて、御殿の北側に朝日が見られる二階建ての朝陽閣、富士を望む西側に映雪館、品川の海を眺められる南側の築山上に聞潮亭が建っていた。二町四方の潮入りの園池が敷地の中央を占め、その南西側に御殿が建っていたのではないだろうか。

千川上水

●柳沢吉保の駒込六義園

将軍綱吉に寵愛されて側用人《そばようにん》になった柳沢吉保（一六五八―一七一四）は、元禄八年（一六九五）四月二十一日に染井村（文京区）の土地四万七〇〇〇坪を拝領している（『実紀』）。それは側用人だった吉保が、最高位の老中に準ずるとされた翌年のことだった。吉保の側室正親町《おおぎまち》町子の日記『松蔭《しょういん》日記（玉かしは）』には、元禄十五年夏の作庭の様子が次のように記されている。

御みづからは、御いとまなくておはせず、家人《いへびと》日々に行かよひて、さるかたの、つくり出《いつ》べきさま、絵に書て奉りつるを、あけくれ御らんじいれて、とかくをきて（指示）させ給ふほどに、［略］。

公務で多忙だった吉保は、写生図を見て作庭を指示するという熱心さだった。大名たちから名石・名木の寄贈があり、その運搬に往来は騒然としたほどだったらしい。

世の中には、かゝること、例の耳とくて、何くれの石、うへ木やうのもの、いさゝかも心あるかたちしたるは、皆此御れう（材料）にとて奉りつ。日ごとに、車あまた引つれて、たくましきおのこら、道もさりあへず、かしこにはこびわたす。

現代ではこうした物品の贈答を賄賂《わいろ》と呼ぶが、当時はほとんど当然のこととされていた。賄賂を贈って幕府の権力者と親密になっておかないと、要職にも付けず、困難な任務を命じられることになりかねないからだった。元禄十五年十月二十一日に庭園工事が完成して、吉保が自ら出向いて園中の名勝を選び、庭園を「六義園《りくぎえん》」と名付けている（『只楽堂年録』）（写真5－3）。

この園池の水源については、安永七年（一七七八）以降に書かれたと考えられる『郡山侯別墅記《べつや》』（『東京市』遊園三）に、

池今はから堀のごとく水涸たれども、昔仙川上水のかゝりし跡宛然《えんぜん》（そっくりそのまま）と存せり。［略］紀の川には今水なけれども、その源とおぼしき所あやしき巌《いわお》かさなりたり。

と、六義園の園池が涸れてしまっていることと、以前は千川上水を利用していたことが記載されている。「六義園絵巻（中巻）」（柳沢文庫保存会）では、「紀川」の上流から水が流れ込んでいる。現在も同じ場所に滝組が設けられているので、この部分から千川上水を引き入れていたと考えられる（写真

写真5−3●六義園の園池

5−4）。

●渇水期の六義園

先にも述べた吉保の孫柳沢信鴻《のぶとき》は、郡《こおり》山《やま》藩（奈良県大和郡山市）の第二代藩主となり、隠退後に六義園に居住していた。信鴻の日記『宴遊日記』には、六義園の園池管理に苦労していたことが綴られている。

信鴻は安永三年（一七七四）一月九日に、「泉水涸尽《かれつくす》」と書いている。だが、八月二十一日には水が一杯になり、舟を巡らすことができるほど回復した。しかし、九月末より次第に水が減って八分目になり、翌四年一月十二日には「此頃園池悉《ことごと》く涸て、池底の芥《あくた》をかき捨る」という状態にもどっている。安永四年も同じような状況だった

写真5–4●六義園の滝口部分

ことからすると、地下水の湧出は季節的な変動が激しかったために、冬には園池の水は涸れ、春先に少し溜り出して夏には満水になるが、秋には再び涸れ出すということを繰り返していたらしい。

だが、信鴻の『松鶴日記』（『北区史』資料編近世二）になると、天明九年（寛政元、一七八九）一月十三日に「鰻十尾・鯰《なまず》六尾」、同年五月二日には王子で買った「鯉一・鮒《ふな》一」、寛政二年三月十四日には買った「鰻三尾・亀九」、翌三年八月二十八日には「鯲《どじょう》」を園内の池に放している。涸れることを繰り返している園池に、なぜ魚などを放流しているのだろうか。寺院などで不殺生《ふせっしょう》を唱えて行なう放生会《ほうじょうえ》を、信鴻がまねしているようにも思えない。

千川上水は享保七年（一七二二）に廃止されたが、天明二年に再開され、天明六年に再び廃止されている（『江戸東京年表』）。このことが、六義園の園池の渇水と魚の放流に関連しているように見える。天明九年からコイ・フナよりもウナギ・カメ・ドジョウを多く放しているのは、再び水が少なくなったためではないだろうか。おそらく江戸後期にも、六義園の園池は涸れることを繰り返していたのだろう。

明治十一年（一八七八）に六義園は岩崎弥太郎の所有となり、かなりの改修工事が行なわれている。昭和十三年（一九三八）に東京市へ寄付された時に、「玉川上水水利権調書」が引き渡されていることからすると、明治に旧千川上水を復活させたようだ。ところが昭和四十三年に、駒込から巣鴨・板橋に通じる中仙道の地下に埋設されていた水路が、地下鉄都営三田線の工事で遮断され、旧千川上水からの給水は止まってしまった。その結果、園内に井戸を掘って園池へ水を補給することになった（森守『六義園』）。

3 湧水利用の庭園

現在の東京に湧き水が存在するように思えないが、井伊家の下屋敷になる以前は、加藤清正の屋敷

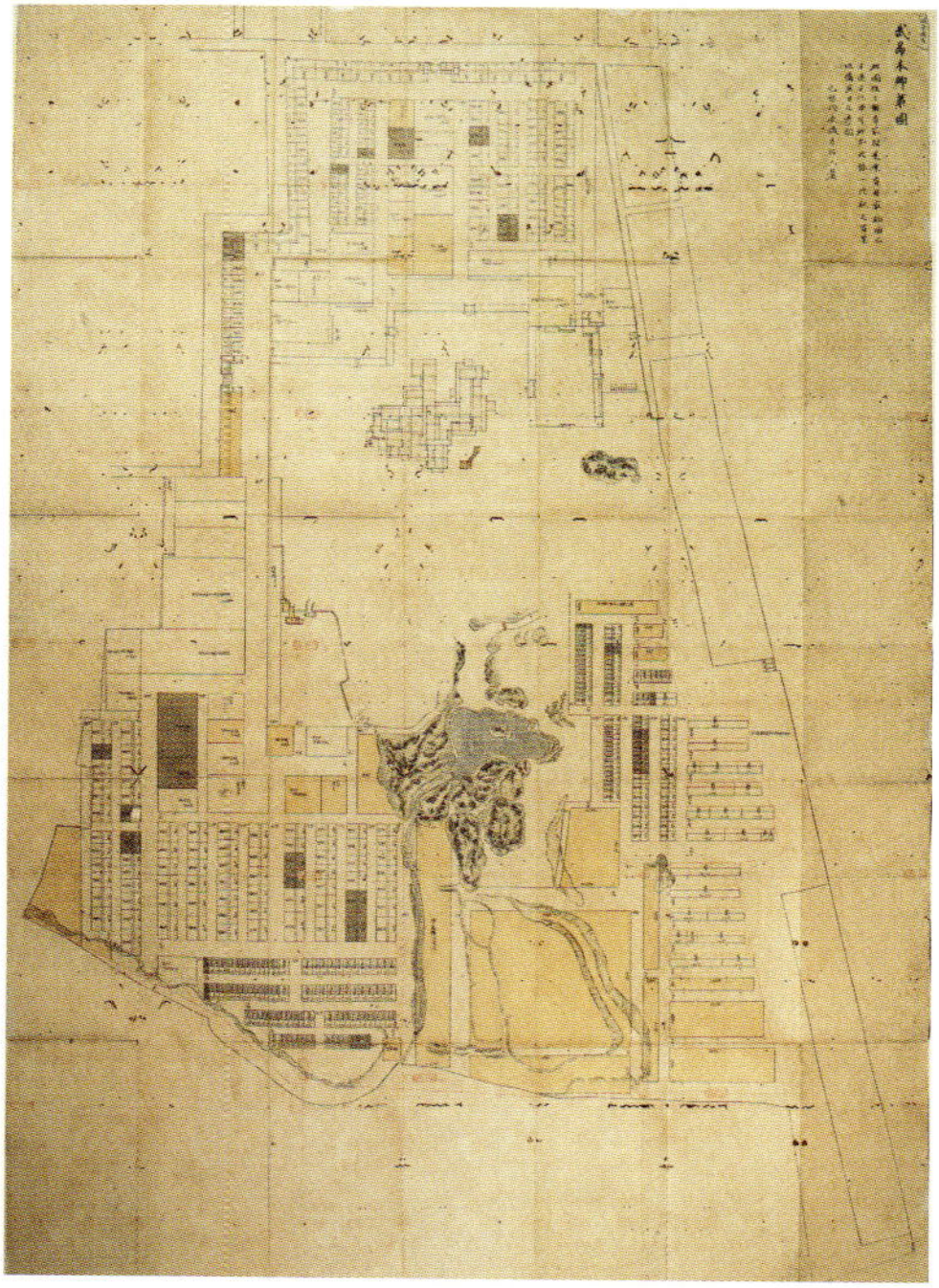

図5−7●江戸前期の加賀藩前田家上屋敷の育徳園（「武州本郷第図」尊経閣文庫蔵）

だったという明治神宮（渋谷区）には、「清《きよ》正《まさの》井《いど》」というものが残っている。現在でも毎分一六一リットル（十月、二月は八一リットル）の湧水があり、水温は四季を通じて一五度前後という。

寛文二年（一六六二）の『江戸名所記（一・六）』は、江戸の名水として谷中《やなか》の清水稲荷の清水と小石川の極楽之井を紹介している。どちらも山手にあったことからすると、段丘崖から湧き出

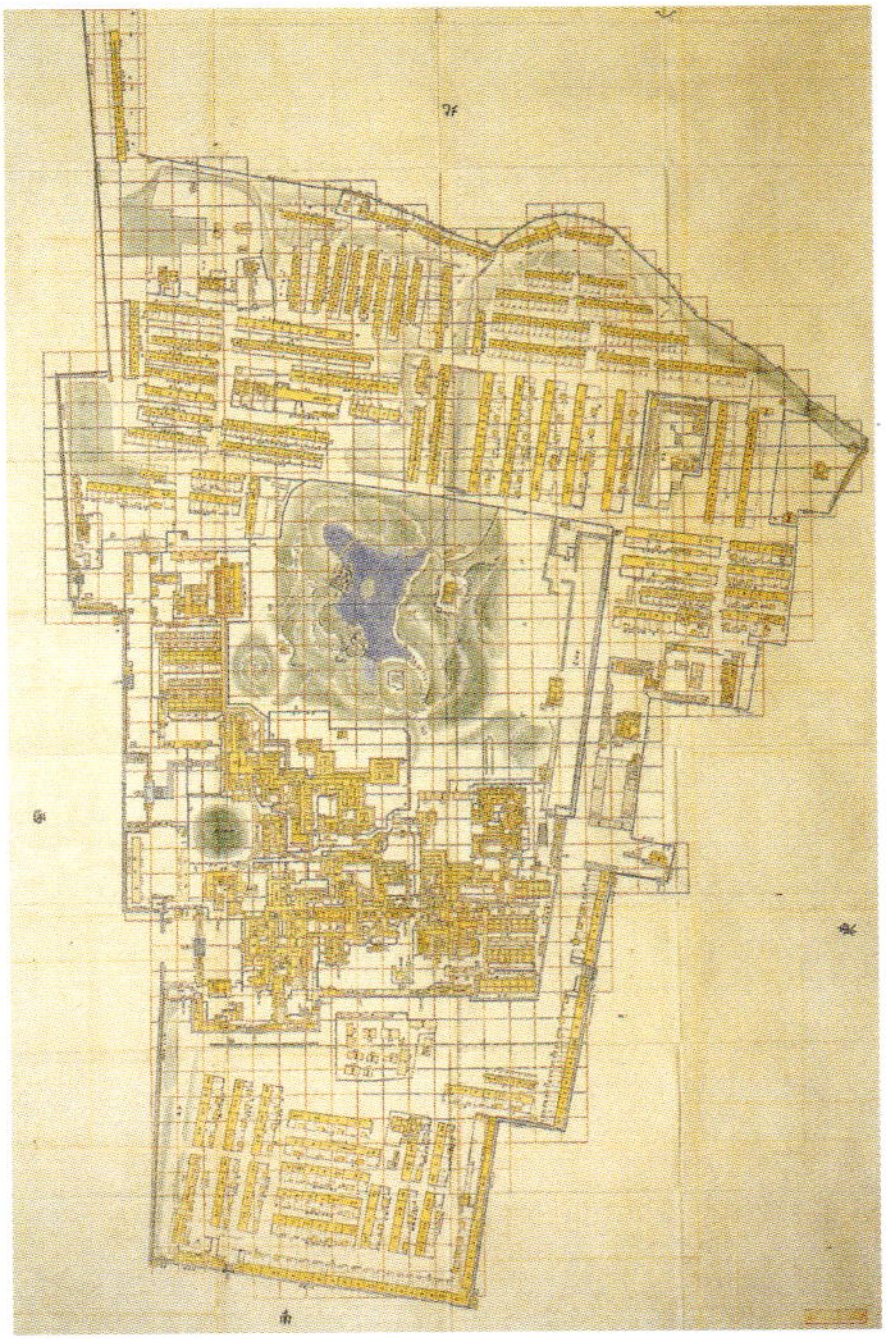

図5−8●江戸後期の加賀藩前田家上屋敷の育徳園（「江戸御上屋敷絵図」清水文庫蔵）

す泉だったようだ。大名屋敷の庭園の場合は、実際にはどうだったのだろうか。

加賀藩の育徳園

現在は東京大学（文京区本郷）になっている加賀藩前田家上屋敷の育徳園には、高台だったが湧水があった。夏目漱石の『三四郎』（明治四十一年［一九〇八］）に登場していることから、三四郎池と呼ばれているが、これ

写真5－5●加賀藩前田家上屋敷の育徳園の園池（三四郎池）

が育徳園の園池だった（写真5－5）。

発掘調査によって、この園池は古代から湧水地だったことが明らかになっている（『図説江戸考古学研究事典』）。高台に湧水地が存在することが不思議なのだが、明治十六年（一八八三）の参謀本部陸軍部測量局作製の地図（槌田満文編『明治時代東京区分図』）に示されているように、この部分が窪地になっていたから湧き水があったのだろう。

加賀金沢藩の上屋敷は当初は辰口《たつのくち》にあり、本郷邸は元和二年（一六一六）頃に拝領して下屋敷として使用していた。寛永六年（一六二九）に将軍家光と大御所秀忠の御成のために、園池が拡大整備され、その浚渫土が西側の崖の上に積み上げられて、栄螺山《さざえやま》と呼ばれた築山がつくられている(『三壺記』)。金沢の兼六園にも同名同形の築山があるが、年代からすると江戸藩邸の方が原型だろう。

天和三年(一六八三)に上屋敷となり、貞享四年(一六八七)に御殿が再建されているが、この状況は「武州本郷第図」(尊経閣文庫)(図5-7)に描かれている。幕末(一八四〇―一八四五年頃)の制作とされる「江戸御上屋敷絵図」(清水文庫)(図5-8)と比較すると、当初の園池の広がりは中島の下あたりまでで、その後に窪地だった南半分が掘られて拡張され、西南側に枯滝組が設けられていることがわかる。

園池の水は両方の図とも、北側の水戸藩中屋敷へと続く溝が描かれている。明治の地図では水戸屋敷側が低くなっていることや、現在も沢飛石が置かれている北側に排水口があることからすると、この溝は排水路だったと考えられる。

尾張藩の戸山荘

寛文十一年(一六七一)に尾張藩主徳川光友は、和田戸山(新宿区戸山)の土地八万五〇一八坪を拝領して下屋敷としている。文化十二年(一八一五)の『尾州公戸山御庭記』(『東京市』遊園一)によると、実際の大きさで三六軒の町屋を持つ宿場町を建て、世外寺という寺院を建立し、大規模な園池を

図5-9●江戸前期の尾張徳川家の戸山荘（「戸山御屋敷絵図」徳川林政史研究蔵）

掘るなどしている。

　これまで知られている戸山荘の平面図としては、『東京名所図会《ずえ》』（明治三十九年［一九〇六］）と『明治園芸史』（大正四年［一九一五］）が掲載する長方形の園池が一つある図と、『東京市史稿』所収の園池が三つにくびれている図がある。『明治園芸史』『東京市史稿』の図は、庭園史研究家の小沢圭次郎（一八四二―一九三二）が収集したものだが、『東京名所図会』『明治園芸史』の原図は「戸山御屋敷絵図」（徳川林政史研究）（図5-9）で、『東京市史稿』の原

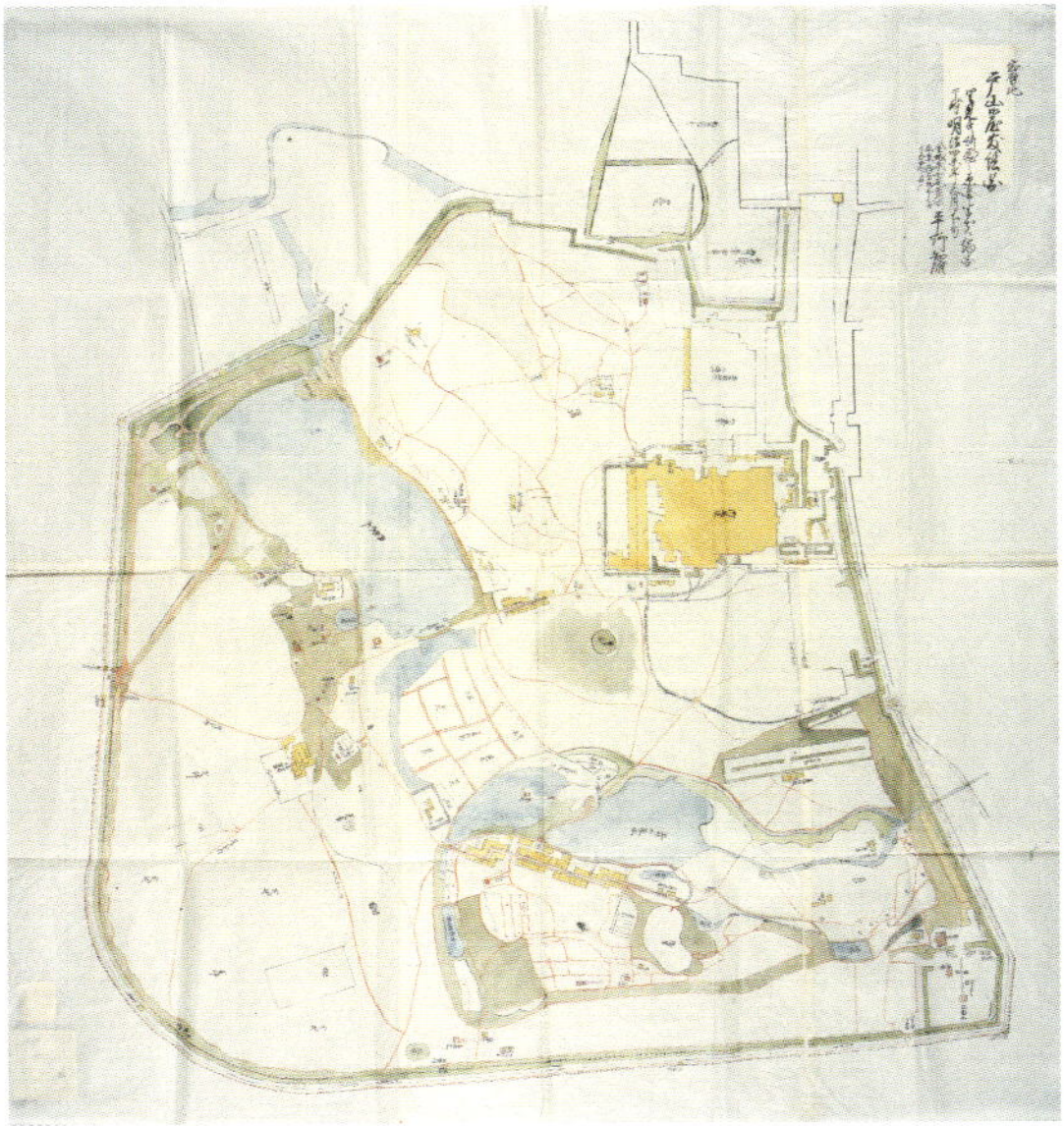

図5–10●江戸中期の尾張徳川家の戸山荘（「宝暦比戸山御屋敷絵図」徳川美術館蔵）

図は「宝暦比《ころ》戸山御屋敷絵図」（徳川美術館）（図5–10）に相当している。

昭和十四年（一九三九）に岡畏三郎《いさぶろう》は「戸山荘に就いて」（『造園雑誌』七—二）という論文で、戸山荘の土地購入年代を図示した「戸山御庭濫觴《らんしょう》図」を掲載している。この図からすると「戸山御屋敷絵図」は、西側の延宝三年（一六七五）の土地を描いているが、北東側の延宝七年の土地を描いていないことから、延宝三年から同七年までに制作されたものと考えられる。「宝暦比戸山御屋敷絵図」

は寛延元年（一七四八）に購入した土地を「新御添地」と記載しているので、制作年代は宝暦年間（一七五一―一七六三）と見ていいのだろう。

園池で使われていた水について、「庭内を流れる玉川の分水、或は苑内の湧水より生ずる濯纓川《たくえいがわ》を水源としてゐる」ということも岡は指摘している。「戸山御屋敷絵図」では、南西部から流れ込む河川の最上流部横に小池が描かれているが、そこからも園池に注ぎ込む流れが生まれていることがわかる。岡が指摘する苑内の湧水というのは小池部分のことで、そこからの流れが濯纓川ということになる。外部から流れ込んでいる河川は、玉川上水の分水と考えられる。上水とかなり豊富な湧水の両方を利用していた例は珍しい。

だが、「宝暦比戸山御屋敷絵図」では、濯纓川の最上流部を玉川上水と合流させて水量を増やし、濯纓川の下流に園池を掘って流し込んでいる。宿場町が園池に接するようにしたかったためだろうか。また、下方にあった園池は弁才天から中橋の間を埋め立て、草原として鷹場を設けることによって、庭園に変化を出そうとしている。

岡が「寛政年間には再び旧形に修復されてゐる」と述べていることが問題になる。寛政五年（一七九三）三月二十三日に将軍家斉が訪れることになったために（『実紀』）、大改修をして元の形に戻したと考えたようだが、根拠は『東京名所図会』の図の題に「寛政年間　戸山尾州邸園池全図」とあることによるのだろう。この図が「戸山御屋敷絵図」を写していることは、敷地と建物の形が同じことか

郵便はがき

料金受取人払郵便

左京局
承認
7101

（差出有効期限
平成21年
9月30日まで）

606-8790

（受取人）

京都市左京区吉田河原町15-9　京大会館内

京都大学学術出版会
読者カード係 行

▶ご購入申込書

書　名	定　価	冊　数
		冊
		冊

1．下記書店での受け取りを希望する。

都道　　市区　店
府県　　町　　名

2．直接裏面住所へ届けて下さい。

お支払い方法：郵便振替／代引　　公費書類（　　）通　宛名：

送料　税込ご注文合計額3千円未満：200円／3千円以上6千円未満：300円／6千円以上1万円未満：400円／1万円以上：無料
代引の場合は金額にかかわらず一律200円

京都大学学術出版会
TEL 075-761-6182　学内内線2589 / FAX 075-761-6190または7193
URL http://www.kyoto-up.or.jp/　E-MAIL sales@kyoto-up.or.jp

お手数ですがお買い上げいただいた本のタイトルをお書き下さい。

（書名）

■本書についてのご感想・ご質問、その他ご意見など、ご自由にお書き下さい。

■お名前

（　　歳）

■ご住所

〒

TEL

■ご職業

■ご勤務先・学校名

■所属学会・研究団体

■E-MAIL

●ご購入の動機

A.店頭で現物をみて　B.新聞・雑誌広告（雑誌名　　　）

C.メルマガ・ML（　　　）

D.小会図書目録　E.小会からの新刊案内（DM）

F.書評（　　　）

G.人にすすめられた　H.テキスト　I.その他

●日常的に参考にされている専門書（含 欧文書）の情報媒体は何ですか。

●ご購入書店名

都道府県　　市区町　　店名

※ご購読ありがとうございます。このカードは小会の図書およびブックフェア等催事ご案内のお届けのほか、広告・編集上の資料とさせていただきます。お手数ですがご記入の上、切手を貼らずにご投函下さい。

各種案内の受け取りを希望されない方は右に○印をおつけ下さい。　案内不要らもわかる。園池を元の形に戻さなかったことは、寛政十年に谷文晁《ぶんちょう》が描いた「傍花橋」一帯の園池の図（徳川美術館編『江戸のワンダーランド　大名庭園』）では、中橋より西側は流れのようになっていて、「宝暦比戸山御屋敷絵図」の形を示していることから確認できる。

むしろ嘉永四年（一八五一）に作成された「戸山名園之図」の方が（前掲『江戸のワンダーランド』）、大きな改変が行なわれたことを示している。通る人を驚かすことで有名だった竜門の滝は、平成十年（一九九八）の発掘結果のように石垣積みに変わり、中橋より東側の園池の汀線は波打つように屈曲している。家斉の来訪後から嘉永四年までの間に、大改修があったと見ていいだろう。

安政二年（一八五五）の大地震と翌三年八月の台風で、建物は破壊され樹木も倒され、さらに同六年二月に青山隠田から出火した大火で類焼して、明治維新を迎えた。その後、園池も埋め立てられて、江戸時代は玉円峰と呼ばれていた箱根山が残るだけになっている（新宿歴史史料館『新宿と庭園』）（写真5－6）。

松平不昧の大崎別業

出雲松江藩主松平治郷《はるさと》（不昧《ふまい》、一七五一－一八一八）は享和三年（一八〇三）に、相対替で大崎（品川区）に下屋敷を得ている。治郷は文化三年（一八〇六）に引退して不昧と号するようになり、文化

写真5-6●戸山荘跡の箱根山

五年に隣地を併合している。大規模な露地を完成させたのは、おそらくこの頃だろう。庭園内には、四散・向峰・窺源《きげん》・簇々閣《ぞくぞくかく》・為楽庵《いらくあん》・独楽庵などの茶室が建てられていた。

庭園を訪れた松平定信の『大崎別業遊覧の記』（『東京市』遊園二）に、

清水のわき出て、流の末に蓮池あり。長き橋の二つまで掛けられしに、池の中ほどの出崎に、あづまやを設けられて、欄干《らんかん》折まはしつくりたるさま、から絵おぼへたり。

とある。かなりの規模の蓮池の水源は、湧水だったことがわかる。

嘉永六年（一八五三）に屋敷部分と庭園

の一部が、鳥取藩池田家の所有になったが、山中の茶室を周遊する部分は松平家が所持し続けている。池田家の所有地部分を描いた「大崎御屋敷絵図」(鳥取県立博物館)には、水がない枯山水的な大規模な枯れ池と、そこに続く枯れ流れが設けられている(鳥取市歴史博物館編『大名たちの庭園』)。清水が流れ込むハス池と枯れ池というのも面白い対比だが、この枯れ池は定信が見た湧水が流れ込んでいた園池だった可能性もある。

4 上水・湧水の庭園の苦労

高台は水害の被害をまぬがれたが、園池に利用する水は得にくいために、水道として敷設された上水に頼るしかなかった。神田上水は最も早い時期のものだが、江戸城北側から東側にかけての町屋部分に給水していたためか、庭園事例は少なく小石川後楽園が代表例になっている。上水を水車で汲み上げて、音羽滝に流し落とすだけでなく、木樋で水を送って中島にも滝をつくるという高度な工夫もされている。

玉川上水の歴史は長く、江戸城内や城外の西側と南側の武家や敷地に給水していたことから、庭園事例は多い。紀州徳川家の西園、熊本藩細川家の戸越屋敷、島原藩松平家の千代ヶ崎抱屋敷の庭園などがある。発掘では汐留貨物操車場跡地から、伊達家屋敷内の園池と上水を引いていた木樋・竹樋・枡が発見されている。伊達家などは海に近いので潮入りの庭にしてもいいはずなのだが、なぜか上水を使っている。

千川上水は歴史が短く、利用していた庭園も少なかった。廃止されたために六義園を隠居所とした柳沢信鴻は苦労している。渇水状態の園池というのは、まったく見所がなくなるために、訪問者も苦言を呈するほどだった。江戸時代の大名庭園においても、園池の水源を確保することは困難だったことがわかる。

江戸でも湧水が庭園に使われている場合もあった。加賀藩上屋敷の育徳園では湧水を使って園池をつくり、尾張徳川家の戸山荘では湧水から生じた川を園池に注ぎ込んでいる。また、松江藩主松平不昧も下屋敷の大崎園で、湧き水を利用してハス池をつくっている。江戸では意外と豊富な湧水が存在していたことになる。

いずれにしても、水源をどうするかは魅力的な庭園作りの根幹になる。庭園の規模が大きければ大きいほど、特に大名庭園の基本形式である回遊式庭園にとって、水の問題は文字通り庭園の生命に関わることだった。逆に言えば、良い水源がある土地には、良い庭園が生まれる可能性が高かった。江戸とは、そうした自然条件を備えた土地だったといえるが、それにしても設計者たちが水の確保にどれほど頭を悩ませたか、大名庭園の歴史はその苦労を教えてくれる。

第6章 旗本・御家人の庭園

1 旗本と御家人の違い

徳川家の直属の家臣としては、譜代大名・旗本・御家人がいた。序でも触れたが、これまで大名の庭園が取り上げられることは多かったが、旗本・御家人の庭園は小規模なためか、あまり話題にならない。本章では、そうした中小庭園に光を当ててみたいと思う。

徳川家の家臣の中で、知行高が一万石以上の者が大名、一万石未満の者が旗本・御家人とされていた。しかし、旗本と御家人の区別は難しい。将軍に謁見できる「御目見《おめみえ》」以上の格式の者が旗本、御目見以下が御家人と一応区分されていて、俸禄からすると二〇〇石がその境い目だった。だが、例外が多かったらしい（高柳金芳『御家人の私生活』）。

旗本は、幕府の常備軍として将軍や江戸城を警護した「番方」と、行政職で町奉行・勘定奉行などを務めた「役方」に分かれていた。御家人には、御譜代席・御譜代准席・諸組与力・諸組同心・御《お》徒《かち》・御目付支配無役人という六種類の身分区別があった。

経済面からすると、旗本は江戸の周辺諸国に分散的に知行地を与えられ、知行地に陣屋を構えて直接農民を支配していたが、御家人は一部の上級者のほかは、年三回の切米《きりまい》と給与としての扶持《ふち》方と呼ばれる米・現金の支給を受けていたという相違があった。

直参の旗本・御家人の総数は、宝永年間（一七〇四―一七一〇）の『御家人分限帳』によれば二万二五四四人だった。勝海舟が編纂した『吹塵録《すいじんろく》』によると、享保七年（一七二二）の調査では旗本が五二〇五人、御家人が一万七三九九人で、計二万二六〇四人になっている（川村優『旗本知行所の研究』）。

2　旗本・御家人の屋敷

旗本の屋敷は「旗本」という呼称にふさわしく、江戸城に近い場所に建てられていた。最初に開発された江戸城西北の台地には、防衛上の見地から文禄元年（一五九二）に常備軍団の中核だった大番《おおばん》六組が配置された。次に神田台地下の小川町一帯の低湿地が宅地化されて、多くの旗本屋敷が置かれている。家康の死後、元和四年（一六一八）に駿府で使えていた家臣が江戸に帰ることになり、神田山（駿河台［千代田区］）一帯の寺社を移転させて屋敷地とし、居住させている（『江戸東京学事典』）。

旗本・御家人屋敷の面積については、『東武実録（十二）』によると寛永二年（一六二五）三月に次のような「侍屋敷間数の定」が制定されている。

一万石より七千石迄　五十間四方（二五〇〇坪）
六千石より四千石迄　四十間五十間（二〇〇〇坪）
三千五百石より二千六百石迄　三十間四十間（一二〇〇坪）
二千五百石より千六百石迄　三十三間四方（一〇八九坪）
千五百石より八百石迄　三十間四方（九〇〇坪）

七百石より四百石迄　　二十五間三十間（七五〇坪）
三百石より二百石迄　　二十間三十間（六〇〇坪）

ところが、承応元年（一六五二）八月十一日に、幕府が御家人の宅地査検を行なったところ、屋敷を持っていない者が六〇〇人に上ることが判明した。そこで江戸城から三〇町（約三・三キロメートル）以内の所に屋敷を与えるために、この地域内の大名の下屋敷を没収し、約四〇〇軒分の屋敷地を確保している（『徳川十五代史』）。江戸城の防衛のためや非常時に召集をかけるために、御家人の居住地域を近くに限定しようとしたのだろう。

明暦の大火後には隅田川以東の開発が進められ、本所（墨田区）に旗本屋敷が多数置かれている。元禄九年（一六九六）八月二十二日に決定された「本所に於いて屋敷下させ候坪数」（『徳川禁令考』）では、寛永二年の規定と比較するとやや面積が少なくなっている。

旗本の拝領屋敷は一ヵ所で、拝領地は年貢・諸役を免じられ売買・譲渡は厳禁されていたが、大名屋敷と同様に相対替《あいたいがえ》で交換することは可能だった。下屋敷まで所有していたのは少数の上級旗本に限られていたようだが、抱《かかえ》屋敷を所有する旗本もあった。やはり災害の時の避難場所や別荘として利用されていたが、敷地内の畑では江戸の屋敷で必要な蔬菜類なども生産されていた。

3 旗本屋敷の庭園

初期の潮入りの庭——「江戸図屏風」の旗本屋敷

江戸初期の旗本屋敷の庭園はどのようなものがあったのだろうか。三代将軍家光の事績が描写されている「江戸図屏風」（国立歴史民俗博物館）は、建築物から推測すると明暦三年（一六五七）の大火以前の江戸の景観だとされている。「水戸中納言下屋敷（小石川後楽園）・加賀肥前守下屋敷（育徳園）・森美作守下屋敷」などの大名屋敷のほかに、いくつかの旗本屋敷の庭園が描かれている。

●海賊奉行の向井将監邸

「江戸図屏風」の左隻《させき》の中央下部には、日本橋川と交差する掘割（楓川）の角に、「向井将監」と張り紙された邸宅が描かれている（図6－1）。岸には二隻の軍船が繋がれ、塀の上には櫓《やぐら》が築かれている厳めしい構えになっている。邸宅の北側と南側の二ヵ所に、水門が設けられているのがわかる。北側の邸内の水路の先には庭石が据えられので、園池ということになる。海に近い河川だから、潮入り

図6－1●旗本向井忠勝（将監）の邸宅（「江戸図屏風」国立歴史民俗博物館蔵）

の庭になっていたと考えられる。

向井忠勝（将監《しょうげん》、一五八二―一六四一）は寛永元年（一六二四）一月十一日に相模《さがみ》国（神奈川県）三崎番となり、江戸湾の水路警護の任務についている。寛永七年六月二十五日に将軍家光が幕府の軍艦天地丸に乗り水軍を観閲しているが、このとき御船奉行だった忠勝は褒美として同心三〇人を加増されている。また、寛永十二年六月二日に家光は品川で、忠勝に命じて建造させた軍艦安宅丸《あたけまる》を見ている（『東京市』港湾一）。このように忠勝は家光と密接な関係にあったことが、屏風に描かれた理由だろう。

屏風に描かれている場所は、現在の日本橋兜町《かぶとちょう》（中央区）に当っている。江戸時代の地図を見ると、ここは後に丹後田辺藩牧野家

図6-2●旗本米津田政の邸宅（「江戸図屏風」国立歴史民俗博物館蔵）

の上屋敷になっている。第4章で述べたように牧野家の園池は潮入りの庭だった。この向井将監の庭園を引き継いだことから、潮入りの庭にしたのではないだろうか。

●江戸町奉行の米津田政邸

右隻左下の神田川にかかる「浅草橋」の右側に、園池を持つ邸宅が描かれている（図6-2）。隅田川に突き出した塀の先には水門が設置されていて、隅田川の水が邸内に入るようになっている。敷地の左側に御殿群があり、二階建ての建物が庭園側に建っている。二階からは隅田川と庭園の両方を眺めることができたのだろう。

建物前に水門からの水が溝で導かれていて、建物から渡れるように溝には石橋が架かっている。さらにその先の橋を越えると、園池の中島に行けるようになっていたようだ。園池の岸や中島には要所に石組が組まれているから、かなり見ごたえのある庭園だっただろう。溝はおそらく園池とつながっていて、潮入りの庭になっていたと考えられる。

所有者名を書いた張り紙はないが、「武州豊島郡《としまごおり》江戸庄図」(国立国会図書館)には浅草川(隅田川)に面した場所に、「米津内蔵介下やしき」と書かれていることから、米津内蔵介《よねきつくらのすけ》田盛《たもり》の下屋敷とされている(水藤真・加藤貴編『江戸図屏風を読む』)。

米津田盛(一六一六―一六八四)は、寛文六年(一六六六)に大坂定番に任命され、摂津・河内国内で一万石を加増されて大名に列している。しかし、「江戸図屏風」が明暦三年(一六五七)以前の景観だということと、先の向井忠勝の生没年からすると、田盛の父親の米津田政《たまさ》(一五六三―一六二四)の屋敷を意味させているのではないだろうか。

『寛政重修《ちょうしゅう》諸家譜(一一九五)』によれば、田政は家康に仕え、豊臣秀吉との小牧の戦い、北条氏との小田原の役に従軍している。秀忠の信州上田城攻めで戦功をあげ、慶長九年(一六〇四)から寛永元年(一六二四)まで二十年間にわたって江戸北町奉行を務めている。

水戸徳川家・加賀前田家といった大きな大名の屋敷、旗本は幕府の御船手奉行を務めた向井忠勝の屋敷を選んでいることからすれば、旗本のもう一人の代表として江戸北町奉行を長く務めた米津田政を取り上げたと見る方が、妥当ではないだろうか。

第4章で述べたように、江戸の庭園の特色は、現在も残る旧浜離宮恩賜庭園のように、潮入りの庭が造られたのが特徴だった。そうした意味では向井将監邸と米津邸は潮入りの庭の初期の例として、重要な意味を持っている。

大学頭林家の巽園

幕府の儒学者だった大学頭林《かみ》述斎《じゅっさい》（衡、一七六八―一八四一）は、寛政九年（一七九七）に三〇〇〇石が与えられて旗本になっている。貞享二年（一六八五）に林家が幕府から拝領した屋敷は、八代《やよ》洲河岸《すがし》（千代田区丸の内二丁目）にあり、面積は二千坪だった。文化元年（一八〇四）に隣地を取得して屋敷を拡張し、庭園を改修して「巽園」と名付けている。

『愛日楼詩』によると、弟子の佐藤坦は竣工した際に招かれて、「廃区新たに主を得て、樹竹烟を帯びて移る。岡は高低の樹に接し、水は前後の池に通ず」と詩を詠んでいる（『東京市』遊園二）。美文調なので実際の庭園の姿がつかみ難いが、樹木が植えられた築山があり、二つの園池が存在していたことがわかる。

この林家の屋敷図が二枚、東京都立図書館に残っている（平井聖監修・波多野純編集『江戸城Ⅱ〈侍屋敷〉』）。古いのが「林家八代洲河岸御上屋敷総絵図」（図6-3）で、新しい方の「八代洲河岸上屋敷

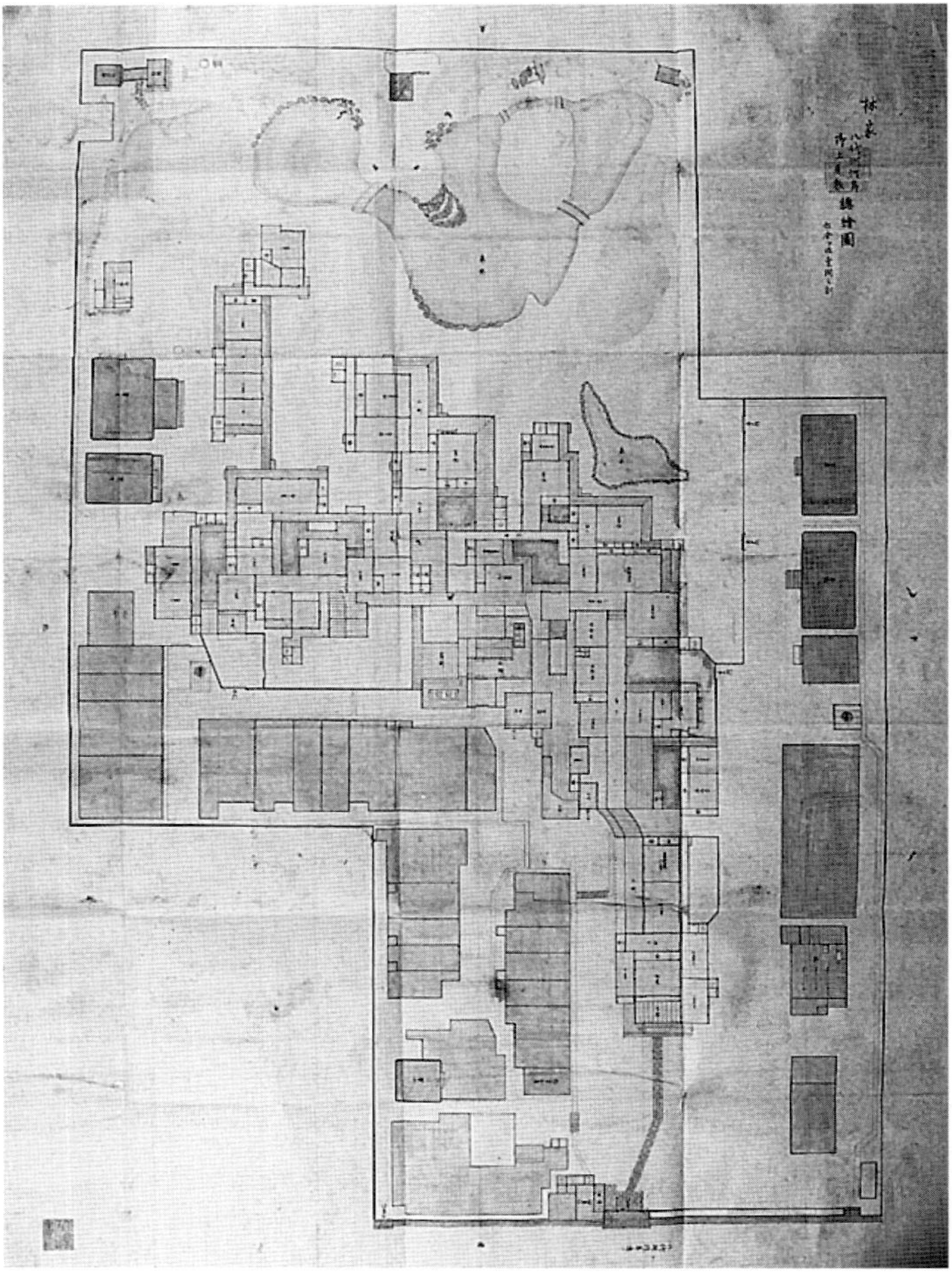

図6-3●旗本林述斎の邸宅と庭園（「林家八代洲河岸御上屋敷総絵図」東京都立中央図書館蔵）

林家総地絵図」は安政六年（一八五九）に作成されている。どちらもよく似ているが、建物も庭園も改修されている。古い図には東側に大きな曲がりくねった園池と、南東側の建物に接して三角形の園池があるが、安政六年の図では大きい方の園池は、中島を二つ持つ長方形に近い形に変化し、三角形の池はなくなっている。

佐藤の詩は林述斎の没年からすると、古い方の図の庭園を詠んでいることになる。園池の周囲の築山のことを「岡は高低の樹に接し」と言ったのだろう。建物正面の園池と三角形の園池は、図では完全に分離しているが、「水は前後の池に通ず」という表現からすると、土管か木樋でつながっていたようだ。

林述斎は佐藤によると「林泉風月の癖」があったらしく、谷中《やなか》の抱屋敷に「賜春園《ししゅんえん》」という庭園もつくっている（前掲『東京市』遊園二）。

長田右兵衛の抱屋敷

文化十一年（一八一四）の『遊歴雑記（初編中二十五）』には、長田右兵衛督《うひょうえのかみ》の抱屋敷のことが書かれている。『寛政重修諸家譜（九―三十六）』には「長田《おさだ》右兵衛尉《うひょうえのじょう》守盈《もりみつ》」という人物について、家禄は六〇〇石で、明和三年（一七六六）に家督を継ぎ、江戸城西の丸などに勤務し、文化十四年に引退したと書かれている（小川恭一編著『寛政諸以降旗本家百科事典［一］』）。時期的に合致しているので、長田右兵衛督は長田守盈と見ていいだろう。『遊歴雑記』に「公務の外は、麹町《こうじまち》より爰《ここ》に来て、天寿を養はる」とあるから、長田は麹町に上屋敷を持つ旗本だったことになる。世間では「鬼長田」と恐れられていたというから、厳格な役人だったようだ。

清土町《せいど》（豊島区雑司ヶ谷）にあったこの抱屋敷は、面積が三〇〇〇坪あり、すべて庭園になっていたという。門を入ったところの藁葺きの茶屋潭弦亭《たんげんてい》からは、弦巻川《つるまきがわ》の水源の大滝を見下ろすことができ、滝下からは「御嶽《みたけ》の台、池袋等の耕地」を眺められたという。「清流を堰入れ大いなる泉水をたゝへ」とあるから、弦巻川の上流に堰を設けて水を引き入れた大きな園池もあった。大きな河のように見える園池の渚には舟がつながれ、出島には橋がいくつも架けられていた。庭門や樹木・石組も面白く、別世界のように見えたという。この抱屋敷でくつろぐことが、長田右兵衛督の楽しみだったようだ。

旗本屋敷の図

東京都公文書館には、「旗本上ヶ《あげ》屋敷図」というものが所蔵されている。旗本の屋敷の全体の配置平面図で、敷地形状と建物配置が主に描かれているが、庭園の部分に園池や築山が描き込まれているもののある。また、それぞれ居住者名と明治期の地名・地番を示す所在地が記されている。居住者の在職年代は、十八世紀末から幕末までに及ぶので、明治政府が官員の宿舎にあてるために、幕府が集積した図面をまとめたものと考えられている（前掲『江戸城Ⅱ』）。

全体で一三四軒の屋敷があるが、庭園が描かれているものが一九軒あり、このうち園池が存在するものが一七軒、築山だけのものが二軒ある。庭園の記載がない図でも、家屋の周囲が空いているものが多いので、実際には庭園があった可能性が高い。屋敷所有者の石高と敷地面積を較べてみると、

六〇〇〇石―一九四八・七五坪、五〇〇〇石―二一五三・〇〇坪、一八〇〇石―九一一・二五坪、一五〇〇石―七三〇・二五坪、一三〇〇石―六四〇・六四坪、一〇六一石―六三二・三一坪、一〇〇〇石―六四五・七五坪、九〇〇石―三九九・〇〇坪、五〇〇石―五四二・九二坪、四五一・二五坪、三五〇俵―三三八・七三坪、三〇〇俵―九〇四・〇〇坪

という具合に、規定に沿った宅地支給だったことがわかる。

屋敷は道路沿いに長屋を配し、中央に長屋門を開いているものが多い。主屋は江戸城本丸御殿や大名の上屋敷などと同様に、接客と対面するための「表」と、主人が日常生活をおくる「中奥」、夫人が生活する「奥」などの居所と台所で構成されている。客間と居間の両方から眺められるように、園池を配置しているものが多い。各屋敷の位置は外堀内の番町・飯田町・小川町・駿河台（以上千代田

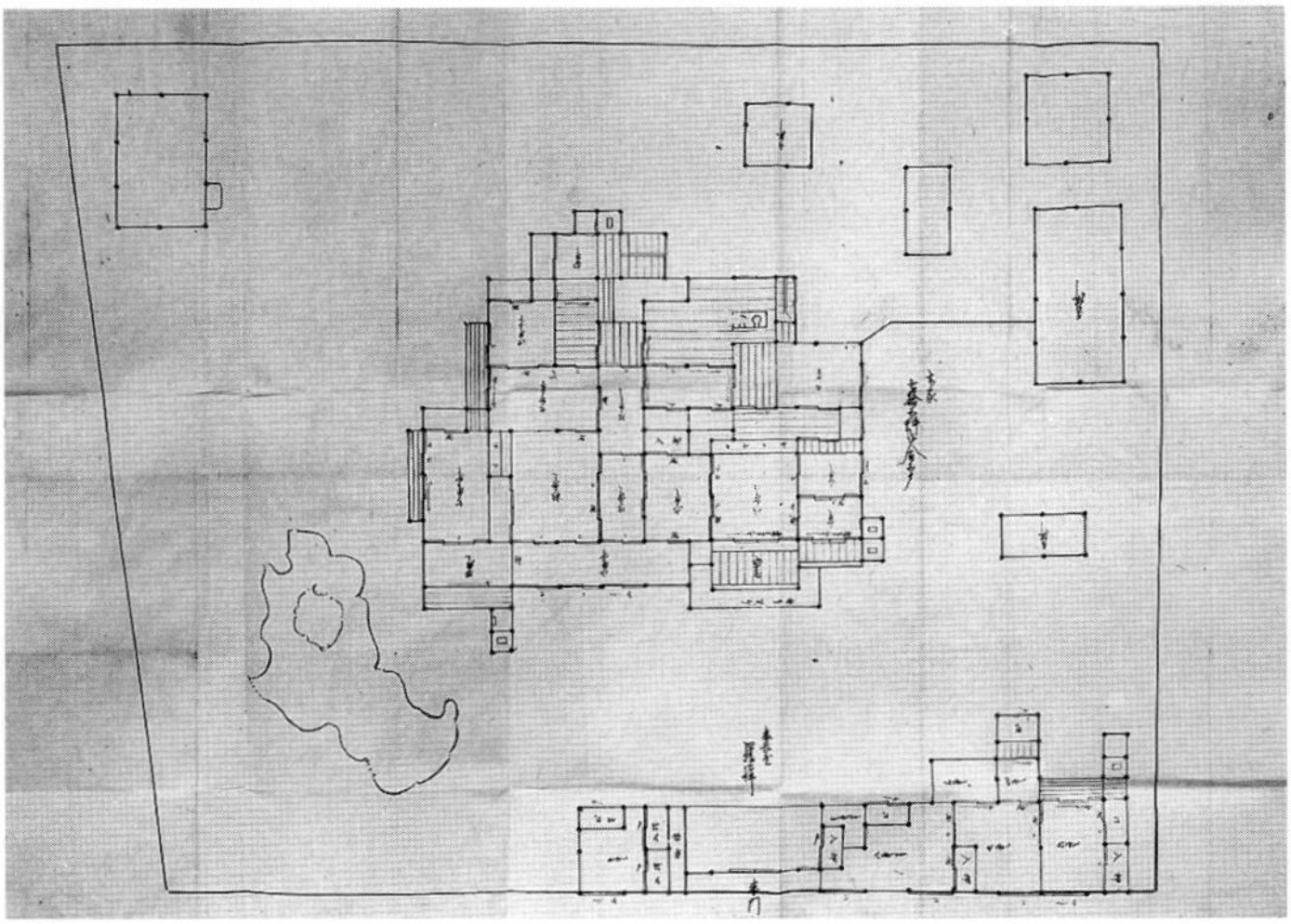

図6-4●旗本井戸信八の邸宅と庭園（「旗本上ヶ屋敷図」東京都公文書館蔵）

区）などで、江戸城北の丸の西から北にかけてにほぼ限られ、本所・深川が含まれていないために、潮入りの庭というものは描かれていない。

神田上水の配置からすると、小川町・飯田町のあたりの庭園に上水が使用されていた可能性があるので、小川町内の井戸信八（図6-4）・糸原啓之助・本目権兵衛・大久保九郎兵衛・荻原鏘之進・蜷川李左衛門・渡辺修理邸などの園池には、流入していたかもしれない。駿河台に神田上水が及んでいないのは、良質の水が井戸で得られたためというが、越智十三郎・長崎四郎・日下寿之助などには園池が見られる。上水ではないとすると、これらは雨水を利用していたものだろうか。住所不明の高梁邸だ

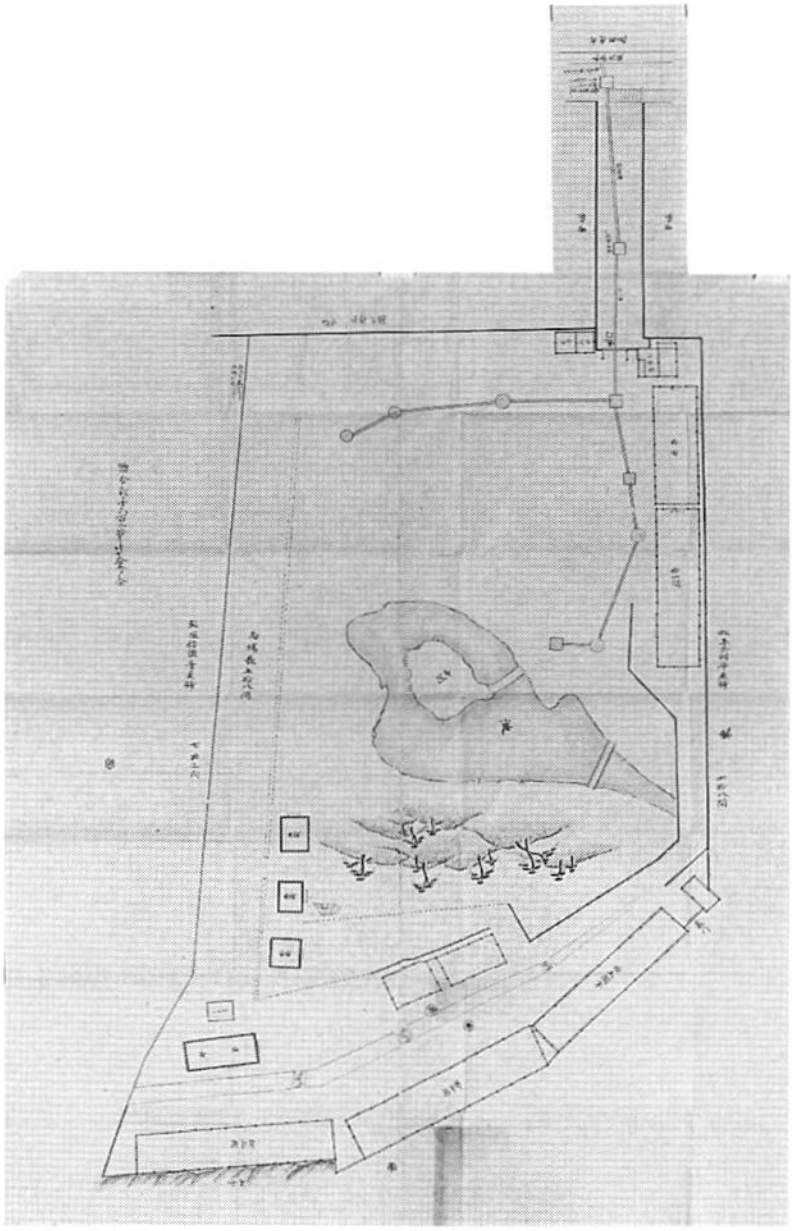

図6－5●旗本高梁家の庭園（「旗本上ヶ屋敷図」東京都公文書館蔵）

けが、上水の樋が中島を持つ園池の近くまで布設されている（図6－5）。神田上水域の邸宅が多いから、おそらくここも神田上水を利用していたのだろう。

床下の土を売る旗本

広い敷地があれば生活には便利だったはずなのだが、江戸後期には旗本や御家人でも困窮するものが多くなっていった。安政三年（一八五六）の『諸向地面取調書（三）』によると、下級幕臣の多くの者が拝領地を他人に貸して、自分は他所に居住するという状態になっている（宮崎勝美「江戸の武家屋敷地」『日本都市史入門Ｉ』）。

屋敷は貸さなかったが、貧乏した旗本が床下の土を売っていたという信じられない話が、長谷川時雨《しぐれ》（一八七九―一九四一）著『旧聞日本橋』（昭和十年［一九三五］）に、「お墓のすげかえ」という題で載っている。時雨は江戸時代の下町での作庭を、次のように説明している。

今のように富限者《ふげんしゃ》が、山の手や郊外に土地をもっても、そこを住居《いえ》にしていなかったので、蔵と蔵との間へ茶庭をつくり、数寄《すき》をこらす風流を楽しんでいた。一木《いちぼく》何十両、一石《いっせき》数百両などという［略］贅沢《ぜいたく》を競った。

郊外に抱屋敷を持っていても、下町に住まざるをえなかった町人は、自宅に茶庭をつくって一本何十両もするという樹木を植えて、風流を楽しんでいたという。

江戸の下町でよい庭をつくるには、山の手の赤土を土屋から入れさせるのである。［略］地面に苔をつけるには下町の焼土では、深山、または幽谷の風趣《おもむき》を求めることは出来ない。植木のためにもよくない、そこで赤土の価がよい。

いくども火事で焼けた江戸の町の土は瓦礫が混ざっているので、コケにも樹木にもよくなかった。そこでコケがよくつく赤土を望んだということらしいが、値段が高かった。それに目をつけたのが、朝散大夫《ちょうさんだいぶ》藤木氏の末裔《まつえい》の「チンコッきりおじさん」という奇妙な名の人物だった。この藤木には他に兄弟が二人いたが、三人とも幕末旗本のならず者の見本と言われていたらしい。ある日三人で共謀して自邸の赤土を掘り出して売ることをたくらんだ。庭を掘ったら父親に見つかって叱られるので、とんでもない策略をめぐらした。

三人の兄弟がその時ばかりは志が一致する。父親が勤めに出てしまうと、なるたけ坪数のある広間、書院の床下から仕事をはじめる。

ところが、床下を掘ってはみたが、根からだらしのない遊び好きの男たちだったから、自分でするのはやめてしまった。そして、

堅い土がいくらも掘りかえされないので、大っぴらに父の留守を狙《ねら》っては払いさげをやる。下請けを連れて来て床下を掘らせるのだから、どのような掘り方をするかわからない。地震があれば建物も傾くことも起きただろう。この兄弟は天罰が下ったようで、まともな死に方はしなかったらしい。

4 御家人屋敷の庭園――内職の植木作り

御家人のうちの鉄砲組百人隊(百人組ともいう)は、江戸城大手三之門の警備を四組交代で行ない、将軍の寺社参詣の警護も行なうのが日常の任務だった。甲賀組・伊賀組・根来組・二十五騎組(大久保組)があり、組頭一名(三〇〇〇石)、与力二〇騎(二十五騎組のみ二五騎、八〇石)、同心一〇〇騎(三〇俵二人扶持)という組織になっていた。それぞれがまとまって屋敷地を与えられ、「組屋敷」を構成していた。江戸城の北から西にかけて配置され、個々の小さい邸が集まって整然と一画をなしていたのは、防御陣地としての役割を果たすためだったのではないだろうか(笹間良彦『下級武士足軽の生活』)。

寛永九年(一六三二)に幕府は「諸士法度《はっと》」を出して「何事に寄らず、其身の分限に随べし、私の奢《おごり》仕間敷事《しまじき》」と旗本に贅沢を禁じている。寛永十六年には将軍家光は旗本の困窮を調査させ、倹約を命じる事態になっている。しかし、江戸の生活水準が上がると、旗本も時流に逆行して質素な生活を続けることは困難になっていった(蔵並省自・實方壽義『近世社会の政治と経済』)。

旗本さえ貧乏だったのだから、一段低い御家人の生活はさらに厳しいものだった。大正五年(一九一六)の山中共古編「東都市井旧事」(『郷土研究』三―十一)に「組屋敷の内職は、青山百人町が傘《からかさ》、根来百人町が提灯《ちょうちん》、大久保余丁《よちょう》が植木」とあるように、貧しい生活を支えるために、青山百人町（港区）では傘作り、根来百人町（新宿区）が提灯作り、大久保百人町（新宿区）では植木作りを内職としていた。

御家人が内職に専念できたのは、勤務が「三日勤め」といわれていたように、二日勤めて一日休むという当番制によって、時間的に余裕を持っていたということもあった。だが、実際は一人でも多くの人間を役職につけるために、一人でできることを三人掛りで行なっていたことが、下級武士の俸禄が少ない原因にもなっていた（前掲『御家人の私生活』）。

大久保百人町のツツジ

大久保の組屋敷で植木作りは、ツツジ栽培が主になっていて、花の時分には華やかで美しかったことから、見物に訪れる人々も多く江戸では有名だった。大久保鉄砲百人組の組屋敷は、慶長七年（一六〇二）に家康から与えられたという。「大久保元百人大縄組屋敷絵図面」（国立国会図書館）（図6-6）からすると、組屋敷の範囲は現在の新宿区百人町一～三丁目のほぼ全域と大久保一～三丁目の西側、歌舞伎町二丁目の一部、西新宿七丁目の一部だったことになる。安政年間（一八五四―一八五九）の『諸向地面取調帳』によれば、その総面積は一七万五七六五坪に及んでいる。東西に走る三本の道

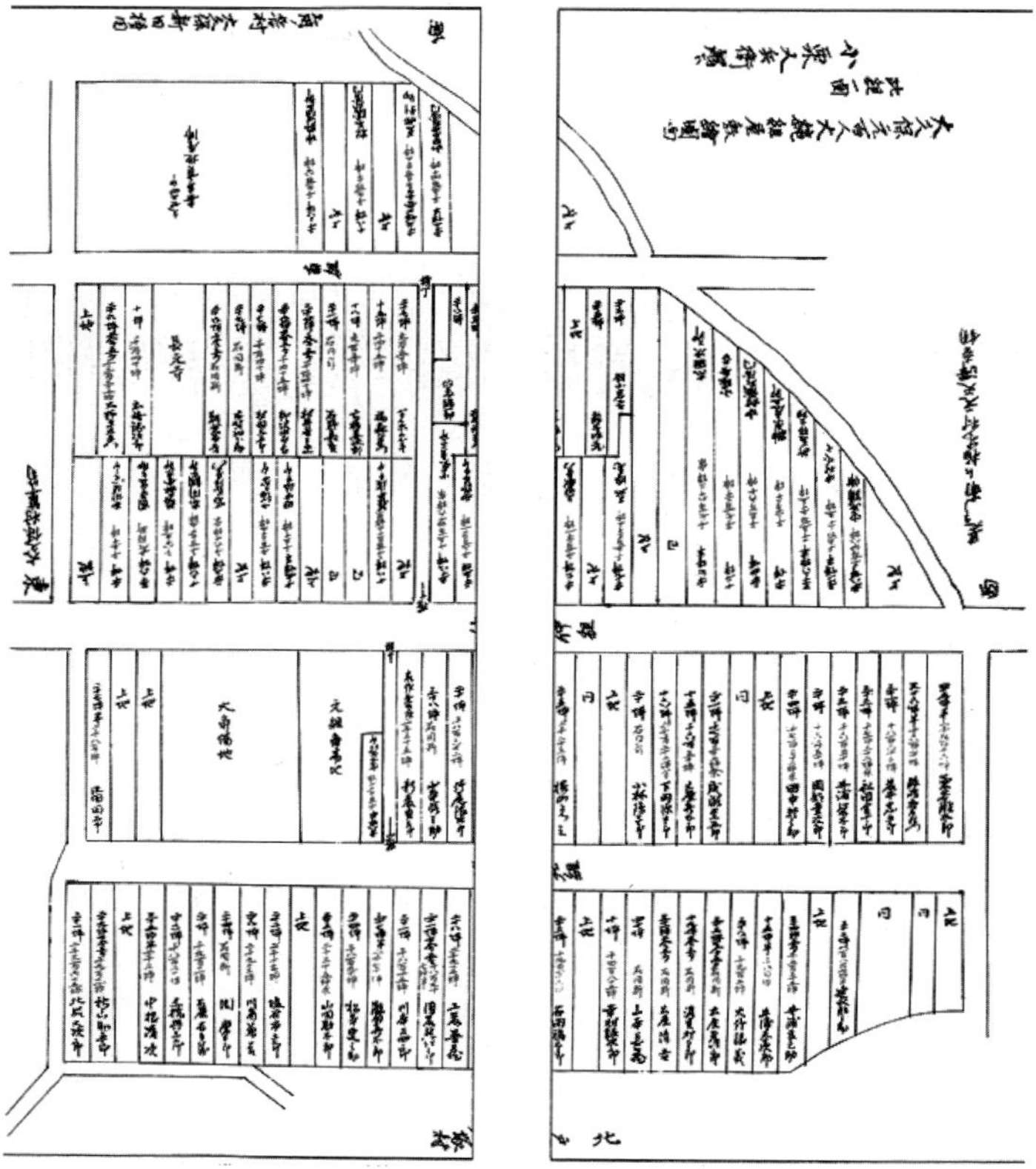

図6-6●大久保百人町の御家人屋敷（『大久保元百人大縄組屋敷絵図面』国立国会図書館蔵）

路に対して垂直に、南北に四条の屋敷街が造成されていて、通りには北から北組・仲組・南組の名が付けられていた（『新宿区の民俗』六）。

大久保百人町の与力同心の拝領地は、土地には間口は一〇間程度だが奥行が極端に長く、他の組屋敷の面積の一〇倍ほどあった。先の「組屋敷絵図面」には短冊状に区分けした部分に、「三十四坪五勺　千五百三十二坪　井浦良之助」などと書かれている。最初の数字が家屋の建坪、次の数字が全体の敷地面積を意味している。

発掘調査では溝状遺構が多く検出されることや、花壇跡と見られる遺構が確認されていることなどから、たんなる居住地ではなく、むしろ耕作地・栽培地として位置づけられている。本来は自給自足用の農地として与えられたものだったが、菜園地として貸し付けたという記録もある（『東京都新宿区百人町三丁目遺跡Ⅲ』）。大久保百人町は標高二七・五メートル〜三二・五メートルほどの台地上に位置していた。おそらく防衛上の理由から、見晴らしがよい場所を占めたのだろう。だがそのために、灌漑することは困難な耕作地となっていた。換金できる作物としては、野菜は根が浅く水が不足すると枯れやすいので、地中に根を伸ばして水分を得て育つ植木を栽培するようになったのではないだろうか。

このような状況下で、御家人たちはどのような種類を栽培していたのだろうか。文政十一年（一八二八）の『遊歴雑記（初編上十）』は、大久保百人町組屋敷の北の通りの組同心飯島武右衛門について、

西の木戸から北側二軒目に住んでいたとして、

躑躅に名高し。先彼の居宅の庭、大小のつゝじ弐参拾株を植ならべ、［略］居宅の北うしろ、只一面に躑躅ならではなし。［略］植込し園の幅、東西八間南北凡《およそ》弐丁余、その間みな両側つゝじのみ也。

と述べている。武右衛門の居宅の庭には、大小のツツジが二〇株から三〇株ほど植えられていたが、居宅の後の東西一四・五メートル、南北二一八メートルほどの園の両側は、ツツジだけが植えられていたという。

惣《そう》じて此組屋敷の家々は、躑躅の木の大小となく、三百株又は五百七百あらざるはなく、成木に至りては壱丈余、おの〳〵絶倫の花のみなり。

この組の他の家々もツツジを三〇〇あるいは五〇〇、七〇〇株と植え、大きくなったものは高さ三メートルあまりというのだから、花時は美しい眺めだっただろう。嘉永四年（一八五一）の『東都遊覧年中行事』には、「きりしまつゝぢ、立夏の頃よりひらく、大久保百人町武家の庭中大木多し」と書かれているので、キリシマツツジの大木が多く植えられていたことがわかる。『遊歴雑記』によると、ツツジが少ない家はモウソウチクの筍を作ったり、夏の間軒につるして眺める「しのぶ」を栽培

図6-7●名所になった大久保百人町のツツジ（『江戸名所図会［４］』）

したりしていたらしい。大田南畝の『奴凧《やっこだこ》』にも、「大久保百人町に速水運蔵といへる屋敷は、ことごとく孟宗竹を植置し也」とある。

内職だと暗い感じがするのだが、『江戸名所図会（四）』の大久保百人組の挿し絵（図6-7）には、武家のお女中一行の見学の様子が描かれている。安芸国《あき》（広島県）から江戸にやって来た江木鰐水《がくすい》は、天保七年（一八三六）二月から三月にかけて、伝通院の大シダレザクラ・上野のサクラ・隅田川堤のサクラ・御殿山のサクラ・北沢村のボタン園などと共に、「西大久保村に躑躅苑有り」と日記に書いているように、大久保百人町を訪れている（『江木鰐水日記』）。貧乏な下級武士の組屋敷が、ツツジの栽培で江戸の名所の一つになっていたのは、なんとも皮肉なことだった。

写真6－1●大久保百人町の皆中稲荷神社

昭和十年（一九三五）の『東京府史（行政編二）』に、

大久保の躑躅は徳川二代将軍秀忠が、日向《ひゅうが》国霧島山から躑躅苗を取り寄せ、これを培養したのを以つて嚆矢《こうし》とする。天保時代（一八三〇—一八四三）には百人町全部に普及してその栽培は最盛の域に達し「千本霧」と称する一園を設けて公衆の観覧に供した。

とあるが、起源については他に史料が見当たらない。

明治維新になって一時衰退したが、明治十五年（一八八二）に土地の有志が相談の上、百人町の山本道広邸内にツツジを栽培して一般に公開し、また各所にツツジ園を開いたことから再びにぎわっている。しかし、明治三十六年に日比谷公園を造営した際に、大久保の多くのツツジを移植したためにさびれ（若月紫蘭『東京年中行事［五月暦］』）、明治三十七、三十八年頃から大久保村付近は住宅地化してしまい、ツツジ園は消滅した（前掲『東京府史』）。
現地に行くと、短冊形の地割の面影を感じさせる道路と、「皆中《あた》る」ということから、大久保鉄砲百人組の信仰の対象になっていた皆中《かいちゅう》稲荷神社だけが残っている（写真6－1）。

下谷御徒町のアサガオ

下谷御徒町《したやおかちまち》（台東区）の「変化朝顔」の栽培も、下級武士の内職だった。江戸後期には、アサガオの変り種を栽培することが流行していた。文政十年（一八二七）の『江戸名所花暦（三）』に、

下谷御徒町辺　朝皃《あさがお》は往古《むかし》より珍賞するといへども、異花奇葉の出来たりしは、文化丙寅《ひのえとら》の災後に下谷辺空地の多くありけるに、植木屋朝皃を作りて種々異様の花を咲せたり。おひ〳〵ひろまり、文政はじめの頃は、下谷、浅草、深川辺所々にても専《もっぱ》らつくり、朝皃屋敷など号《なづけ》て見物群集せし也。

とある。文化三年（一八〇六）の大火の後、下谷のあたりが空き地になり、そこで植木屋たちがアサ

ガオを改良して異花奇葉の品種の栽培を始めたらしい。

『増訂武江年表』の文化十二年の条には、下谷和泉《いずみ》橋御徒町に住んでいた谷七左衛門という大番与力が、母が草花が好きだったことから種作りを習い覚えて、文化五、六年頃からアサガオの「奇品」を作るようになり、大坂に転勤になったときに多くのアサガオを送ったことが流行の始まりだと記されている。

だが、渡辺好孝著『江戸の変わり咲き朝顔』には、別な経緯が述べられている。変化アサガオの栽培に特に熱心だったという下谷の市兵衛（屋号は植市）という植木屋が、御徒町の宗対馬守《そうつしまのかみ》の屋敷の北側にある徒士《かち》組屋敷に出入りしていたことから、御家人たちにアサガオ作りを奨励するようになったのが始まりだったとしている。

市兵衛が下谷御徒町のアサガオ作りの契機をつくり、それを谷七左衛門が大坂に伝えて、アサガオの全国的な流行を生み出したということだろうか。

5　旗本・御家人の困窮から生まれた花の名所

家光時代にすでに旗本の生活困窮が始まっていたことからすると、家光の事績を描いた「江戸図屛風」は江戸の武家社会の繁栄の頂点を示していることになる。旗本だった海賊奉行向井将監の海辺の屋敷や隅田川沿いの江戸町奉行米津田政の屋敷には、潮入りの庭がすでにつくられていたことがわかる。旗本でも高禄だった林信篤は、二〇〇〇坪の土地を与えられて、大きな建物を建て優雅な園池を設けている。江戸後期になっても、長田右兵衛督のように郊外に抱屋敷を持ち優雅に余暇を過ごしていた旗本もあった。

だが、「旗本上ケ《あげ》屋敷図」の旗本屋敷は、大規模な庭園を持ってはいない。禄高に合わせての宅地の支給だったから屋敷面積はそれほど広くはなく、資金的にも豪華な庭園を構える余裕はなかったようだ。困窮した旗本は屋敷の床下の土を、裕福な町人の茶庭作りのために売却するほどだった。

江戸時代の貨幣経済の発展は、財政の基礎が米穀に依存していた武士に大きな影響を与え、下級の御家人は内職までしないと生活が成り立たなかった。大久保百人町の御家人はツツジ、御徒町の御家人はアサガオの栽培に明け暮れることになった。大久保百人町の御家人屋敷は敷地が十分にあったことから、大規模にツツジを栽培して江戸の名所にまでなっている。内職に励む貧困な武士と物見遊山をする裕福な町人が、ツツジとアサガオを売買する異様な光景が見られたわけだが、これが文化・文政期の特徴というべきなのだろうか。

しかし、明治維新の波は、そうした旗本・御家人たちの悪戦苦闘も、ことごとく飲み込んだ。明治元年（一八六八）七月に大名諸侯の屋敷はしばらくそのままとされたが、旗本・御家人や由緒ある受領地を持つ町人全部に対して、上地命令が出されて屋敷地は没収されてしまった（川崎房五郎「明治初年の武家地処理問題」『都史紀要［一三］』）。

第7章 寺院・神社の庭園

1 江戸の寺院と神社

現在も残っている江戸時代の寺社は、樹木が茂る広大な敷地があり都市緑地としての役割も果たしている。それらの寺社の庭園がどのようなものだったのかを見てみたい。

江戸に屋敷を構えた大名たちは、先祖を供養するためや江戸で亡くなった人を祀《まつ》るために、郷里の菩提寺の末寺を江戸に建てたり、既存の江戸の寺院内に墓をつくったりしている。また、商工業を営む町民も、宗門人別帳の制度によって一定の寺院に所属する必要があったことから、菩提寺を建立する場合もあった。こうしたことは時期的には、江戸初期に集中している（圭室諦成・他編『日本仏教史Ⅲ［近世・近代篇］』）。

配置からすると江戸の寺社は、各藩の城下町と同様に江戸城の防衛のために、街道沿いに置かれているように見える。だが、実際はそれほど簡単ではなく、江戸城の内郭がほぼ完成する慶長十九年（一六一四）までに、江戸城近辺の寺院は神田（千代田区）や八丁堀（中央区）などの市街地へ移動させられ、寛永十三年（一六三六）の外堀完成までには、武家地の拡張などで外郭へ移されている。さらに明暦三年（一六五七）の大火後には、防火対策として多くの寺院が町とともに移転させられるなどしている。

『御府内寺社備考』（文政十二年［一八二九］）では、江戸の寺院の数は九七八、神社の数は一一〇に達している。寺院を宗派別に見ると、浄土宗が二三パーセント、日蓮宗が二〇パーセントになるという。面積的には寛永寺が三〇万五〇〇〇坪、増上寺が二〇万坪以上、浅草寺が一一万坪、二万坪以上の寺院としては感応寺・霊巌寺《れいがんじ》・泉岳寺などがあった（『図説江戸考古学研究事典』）。

「大日本神社仏閣御領」という寺社の石高番付表で江戸の情況を見ると（石川英輔『大江戸番付事情』）、

一万三千石　東叡山、一万石余　増上寺、六百石　伝通院、五百石　浅草寺・東海寺、三百石

天沢寺・済松寺

というように、寺院では石高の高いものがある。だが、神社は欄の最後に、「三百石　根津権現」と記されているにすぎない。京都・奈良と比較すると、江戸には石高の多い寺社は少なかったことになる。歴史的蓄積の違いということだろうか。

2　寺院の庭園

江戸前期の寺院庭園

●寛永寺の庭園

東叡山寛永寺（台東区）は将軍の菩提寺なので、境内の広さからしても立派な庭園がつくられていたように思うのだが、残っている庭園史料は少ない。京都では禅宗寺院に庭園が多いことからすると、寛永寺が天台宗だったことが影響しているのかもしれない（写真7–1）。

写真7－1●寛永寺の旧本坊表門

寛永二年（一六二五）十一月に寛永寺の建立が決定されている。時期的には日光東照宮と同時だから、徳川家の安泰を願っての造営だったのだろう。同六年三月十七日に竣工して、秀忠は天海僧正の坊に渡り、天海と共に園中を見ている（『実紀』）。

本坊の庭園については、奈良の大乗院門主隆範が文化九年（一八一二）に書いた紀行文『東行晴雨』にも、

> 庭をも見せらる。桜、山吹さきたり。［略］茶亭もあり。問へば、凝香榭《ぎょうこうしゃ》といふ。［略］尚友庵といへるも有り。

と、所々に茶屋を配置した広い庭園が存在していたことが述べられている（小沢圭次郎「明治庭園記」『明治園芸史』）。将軍の御

写真7–2●増上寺の三門

成りために、本坊には庭園が必須のものだったのだろう。

三十六坊存在した子院のうち、現在の上野駅一帯には下寺と称した十一坊があり、ここには池を構えた庭園が多かったという。山上の四坊については、「清淑華潔なる庭園有りけり」と小沢圭次郎は書いている。だが、慶安四年（明治元、一八六八）五月十五日に、彰義隊が寛永寺に立て籠もって新政府に反抗したことから、官軍が焼き討ちをかけたために全山焼失した。

●増上寺の庭園

現在も残る三縁山増上寺（港区）は当初は日比谷にあり、天正十八年（一五九〇）に家康によって徳川家の菩提寺と定められ

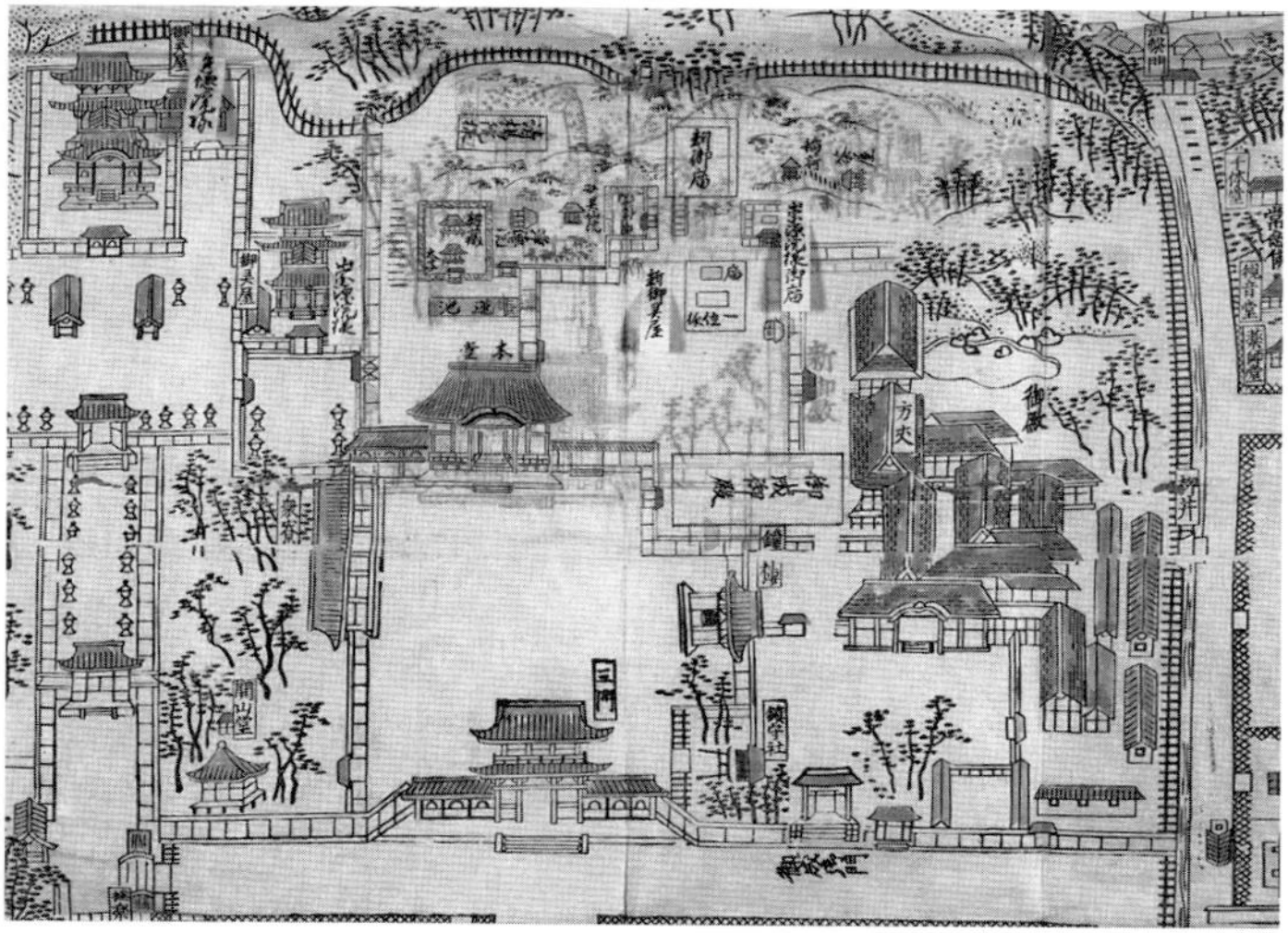

図7−1●増上寺の方丈庭園（『三縁山図』岡山大学附属図書館蔵）

た。慶長三年（一五九八）に江戸城拡張工事にともなって現在地に移転し、幕府の保護の下で関東の浄土宗寺院の総本山となった（写真7−2）。二代秀忠・六代家宣《いえのぶ》・七代家継・九代家重《いえしげ》・十二代家《いえ》慶《よし》・十四代家茂《いえもち》の霊廟が造営されている。

境内全域が描かれている貞享三年（一六八六）の「三縁山図」（岡山大学附属図書館）（図7−1）には、本堂北側の方丈の所に「御成御殿」と記入されている。将軍の御成りが必ずあることから、御殿は造営当初から建てられていたものだろう。方丈の背後の御殿群の西側には、石組を持つ園池があり、その後ろには築山が重なり合うように設けられている。

『三縁山志』（文政年間［一八一八―一

八二九」）によれば、園池は「浮月池」、亭は「招魚亭」、岸は「蒼苔岸《そうたいがん》」と命名されていた。図では各子院に庭園がまったく描かれていないが、真乗院・池徳院・徳水院・妙定院などに庭園が存在したという（前掲「明治庭園記」）。

●東海寺の庭園

寛永十五年（一六三八）四月二十七日に将軍家光は、沢庵宗彭《たくあんそうほう》（一五七三―一六四五）のために品川（品川区北品川）に東海寺を建立することを決定し、翌年には完成させている。『実紀』は東海寺の庭園を小堀遠州がつくったとしているが、御茶屋を遠州が作ったという史料しか存在しない（森蘊「東海寺の庭園」『建築史四―一』）。

当初の東海寺庭園の全体は、万治三年（一六六〇）の「東海寺想（惣《そう》）絵図」（東海寺）（図7―2）によって知ることができる（『品川区史料』八）。方丈・庫裏《くり》がある一画の後方に園池が描かれているが、塀で隔てられているために、方丈からは園池はわずかしか見えないという構成だった。方丈の西側に「御休所」があり、そこから北に延びる「御成廊下」があった。廊下の先の建物が、家光が訪れたときの御成り書院だろう。御成り書院は塀で囲まれているため、庭園へ出る園路が設けられているが、御殿と庭園が隔絶された形は、江戸時代の大名屋敷ではよく見られたものだった。

園池はL字型で北側部分に四つの島があり、一番西の小島に万年石が置かれていた。全体的に単純

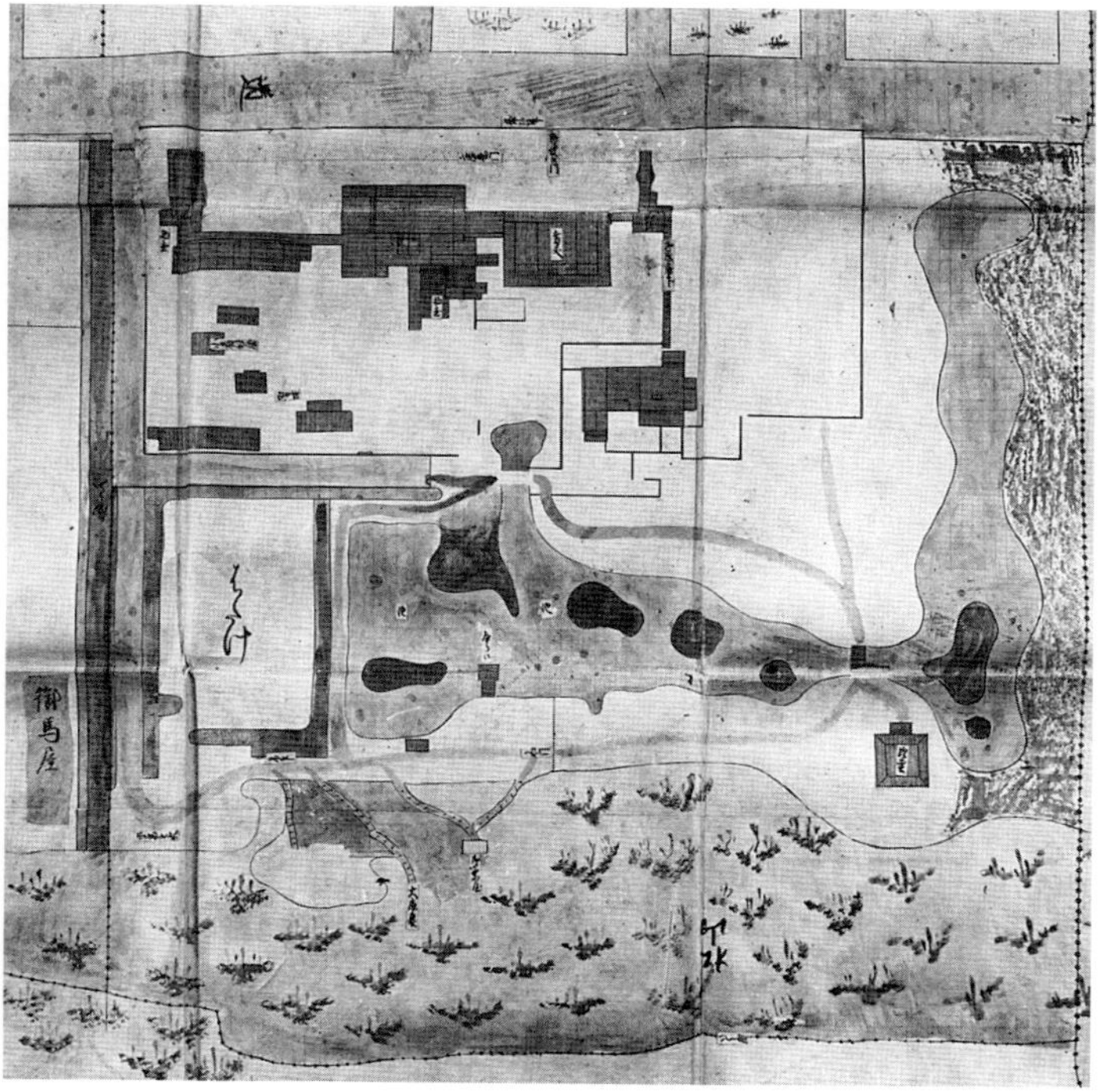

図7-2●東海寺の庭園（『東海寺想絵図』万治３年［1660］、東海寺蔵。下が北）

な構成だが、園池北方の築山の上には御茶屋が建てられ、回遊の途中に寄れるようになっていた。園池の東側にかなり面積がある方形の畑が設けられているのは、大名庭園の茶畑や水田などと同様の意匠なのだろう。

　沢庵の書状によると、寛永二十年に家光が訪れた際に、西の橋の前の小島に置かれた面白い形の石が目にとまり、名前をつけるように命じたことから、遠州は「万年石」と命名している。このことから遠州作庭説が生まれたらしい。

しかし、元禄七年（一六九四）三月二十七日に品川宿の町屋からの出火で、東海寺は類焼してしまう。将軍綱吉が再建を命じたことで、年内に仏殿まで上棟を終えた。再建された伽藍配置は東向きになり、本山の京都大徳寺を参考にしたためかよく似ていて、大庫裏の横に客殿（方丈）が並んでいる（横山秀哉「品川東海寺の伽藍について」『建築史研究［一九］』）。

嘉永五年（一八五二）の「東海寺一山惣絵図」にも、再建後の境内全域と園池が描かれているので創建時と比較することができる。創建時のL字型の園池の西側部分を埋め立てて、本坊の建物が造られたために、園池は仏殿の横に位置してしまい、客殿の北東側に大庭園があるという配置になっている。

だが、明治三年（一八七〇）に政府は品川県庁の庁舎にするために東海寺を召し上げたことから、塔頭《たっちゅう》の玄性院に東海寺は移り、明治五年に東海道線が通ったことから、名園も破壊されてしまった（至文堂編集部編『川柳江戸名所図会』）。現在は、ＪＲ東海道線と東海道新幹線に挟まれた墓地に、沢庵和尚の墓だけが残っている。

●浅草寺の庭園

浅草寺の本坊伝法院（台東区浅草）には、小堀遠州作とされる庭園が現在も残っている。見学は困

写真7−3●伝法院の園池

難だが、南側の柵の外からわずかに園池を見ることができる（写真7−3）。昭和三十七年（一九六二）の網野宥俊著「伝法院庭園誌」（『浅草寺史談抄』）によって、庭園の様子を探ってみよう。

浅草寺別当（住職）の坊だった伝法院は、寛永八年（一六三一）四月二日の火災で本堂とともに焼失した。寛永十六年に伝法院は再建されているので、遠州による作庭はこの時期だった可能性があるが、確実な史料は存在しない。しかし、寛永十九年に再び浅草寺は焼失し、慶安二年（一六四九）になって伝法院は将軍家光によって、本堂・山門・五重塔などとともに再建されている。

元禄六年（一六九三）十一月に検地が行

なわれた際の大絵図から、当時の庭園の様子がわかる。建物群から突き出した座敷を囲むように北側の園池（現在は北池と呼ぶ）が設けられ、中島の背後には二つの木橋が架けられている。北池は途中でくびれて、西側の園池（西池）に続いている。西池の前面には現在は書院が建っているが、検地の図では小さな部屋がいくつも並んでいる。長い橋が中央近くに設けられていることも、現在と大きく違っている。西池の南側隅に小さな中島が二島描かれているが、現在この南側の中島は、陸から突き出した出島に変化している。給水路が記載されていないのは、北池の数ヵ所に湧水があるからだろうか。

しかし、安永元年（一七七二）二月二十九日の大火で伝法院は類焼してしまい、安永六年に再度復興された。再建後の庭園の状況は、天保五年（一八三四）から同七年にかけて出版された『江戸名所図会（六）』の図に見ることができる。西池には中島があるだけで、中央の橋はなくなり現状に近くなっている。伝法院所蔵の文化年中（一八〇四―一八一七）の絵図には橋が描かれていることからすると、その後に撤去されたようだ。

大正十二年（一九二三）の関東大震災では類焼をまぬがれ、庭園の護岸石組の崩壊も極めて少なかったが荒廃していたらしく、昭和五年（一九三〇）から翌年にかけて東京市が修復を行なっている。第二次世界大戦でも焼失しなかったことから、客殿・玄関・使者の間などは江戸時代の面影が残っているという。

日暮の里の庭園

日暮里《にっぽり》（荒川区）の名を高めたのは、享保十三年（一七二八）に浄光寺住職だった宝山が「日暮里八景」を定め、同十八年に林信充《のぶみつ》が十二景の詩を作ったことに始まるという。寛延元年（一七四八）に妙隆寺が境内の崖を利用してツツジを植えたのが契機になって、近くの修性院《しゅしょういん》や青雲寺でも庭園をつくって多くの花木を植えたことから、「日暮の里」と呼ばれる名所となった（松平康夫『荒川区の歴史』）。

妙隆寺について江戸後期の『遊歴雑記（初編中七十六）』は、

此僧房崖下にありて、東側の山をいろ〳〵に巧に作り、樹木を苅込、狭路《そばみち》を伝ひて、高きにながめ、又低きになぐさむ様にこしらへ、ところ〲に出茶屋を設けて瓢客《ひょうかく》の足をとゞむ。

と書いている。僧坊が崖下にあったことから、山の斜面の樹木を刈込んで、その間に通路をつくって刈込みを眺められるようにして、所々に茶屋を設けて客を接待していたことがわかる。おそらくこれが作庭当初からの状況なのだろう。

大田南畝の『ひぐらしの日記』には、「妙隆寺の庭より修性院の山つゞきは、宝暦六のとし、庭つ

図7－3●日暮里の寺院の庭園（『江戸名所図会（5）』）

くりのたくみ岡扇計がつくる所にして」とあるから、宝暦六年（一七五六）にはさらに妙隆寺から隣の修性院までの山の斜面も庭園化していることがわかる（『新修荒川区史』上）。庭園から外へと植樹を進めて、地域一帯を風情のある場所へと変化させることで、参拝客を呼ぼうとしたのだろう。

天保七年（一八三六）の『江戸名所図会（五）』は日暮里について、

この辺寺院の庭中、奇石を畳んで仮山《つきやま》を設け、四時《しいじ》草木の花絶えず、つねに遊観に供《そな》ふ。

と、庭園の美しさが参拝客を集めていることを述べている。掲載されている図（図7－3）は「総図」と記されているだけあって、見開き四枚綴りの長大なものになっている。地形に沿って寺院が配置され、それぞれの境内に庭園が設けられるだけでなく、山腹にも植栽が施されて茶屋が建てられ、全体が一続きの庭園になっている。

江戸後期には日暮里のように庭園をつくり飾ることが、ほかの寺院の目標になっていった。農村地帯が宅地化して市街地が拡大して行く

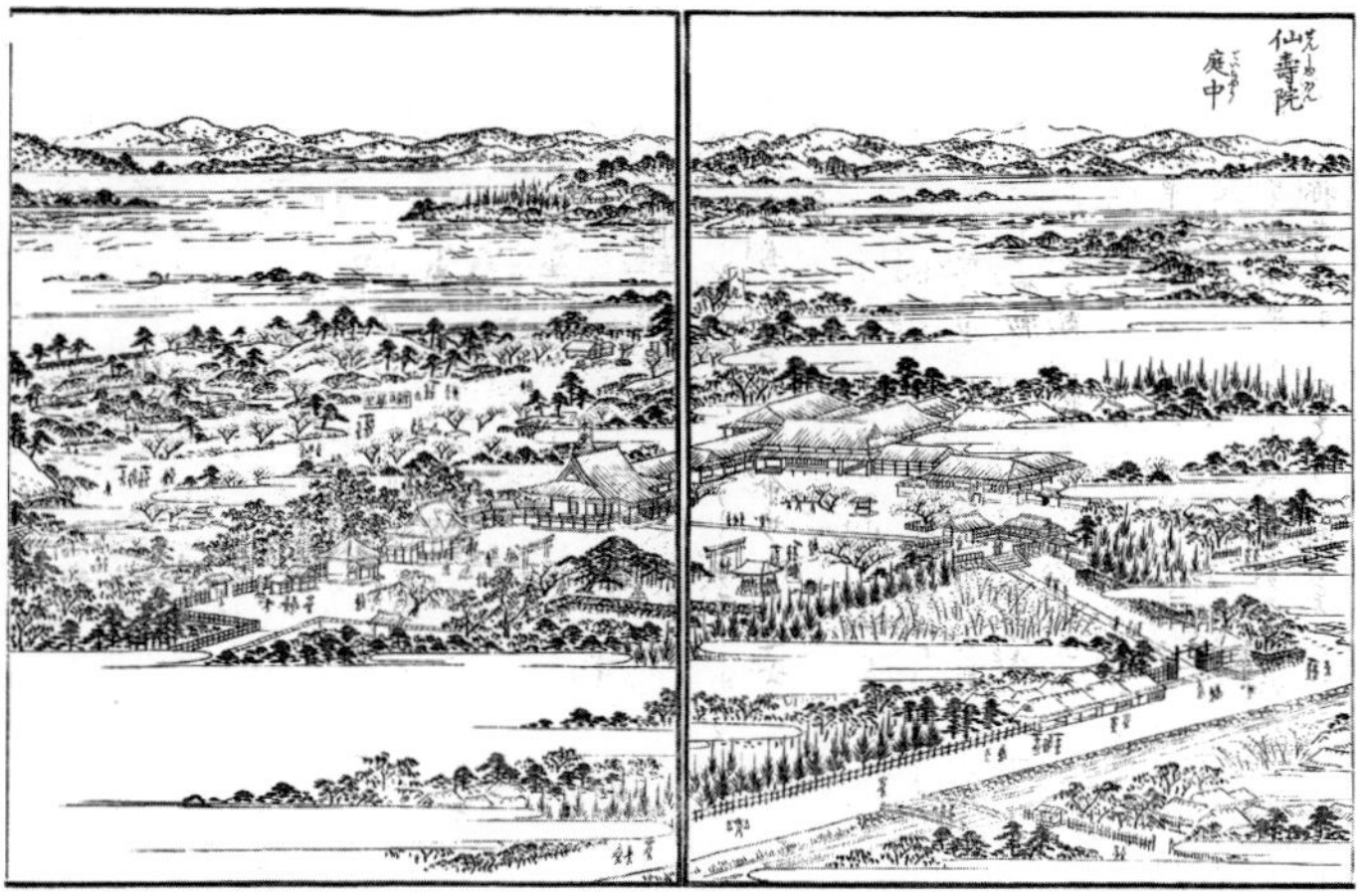

図7-4●新日暮里の仙寿院（『江戸名所図会［3］』）

につれて、江戸町人の一日の散策範囲も広くなり、寺社や名勝地を訪れるようになったことから、郊外の寺院は参拝客を呼び集めるのに躍起になっている。

『江戸名所図会（三）』は、仙寿院（渋谷区）という日蓮宗の寺が「新《しん》日《ひ》暮《ぐらし》里《のさと》」と呼ばれているとしている。この付近の地形や寺院の庭園の趣が、谷中の日暮里に似ていて非常に美しい景観だったからだという（図7-4）。「弥生《やよい》の頃、爛漫《らんまん》たる花の盛りにはおほいに群集《ぐんじゅ》せり」という状況だったという。だが、『遊歴雑記（初編中七十六）』は、日暮里の寺院をまねて本堂西裏の空き地に工夫を凝らして庭園をつくっているが、とても及ばないと批判している。人が驚くような庭園をつくろうという作意が目に付きすぎて、憩うどころではなかったのだろう。

3 神社の庭園

富岡八幡宮の園池

富岡八幡宮（江東区）は、江戸初期の寛永四年（一六二七）に建立された。将軍家光の許可を得て永代島海辺を拝領して埋め立てを行ない、境内地はのちに六万五〇八坪になり、江戸でも大きな神社になった。社域としては富岡門前町・門前東仲町・数矢町・門前山本町・門前仲町の五ヵ町（江東区深川門前仲町二丁目・同富岡町一・二丁目）を含んでいた（『江東区史』上）。

富岡八幡宮を管理していた別当寺永代寺の庭園について、『増訂武江年表』は、明和八年（一七七一）秋に高野山の景色を模写して庭園を築造したとしている。池は永木堀の水を引いた潮入りの庭で、海の魚もよく成育していたらしい（前掲「明治庭園記」）。

天保七年（一八三六）に刊行された『江戸名所図会（七）』に庭園の図（図7-5）が掲載されている。かなり広い園池があり、周囲を回遊できるようになっていて、所々に茶屋もあった。入り口にはボタンを植えた花壇も置かれていた。本文中には、毎年三月二十一日から同二十八日まで、別当永代寺の

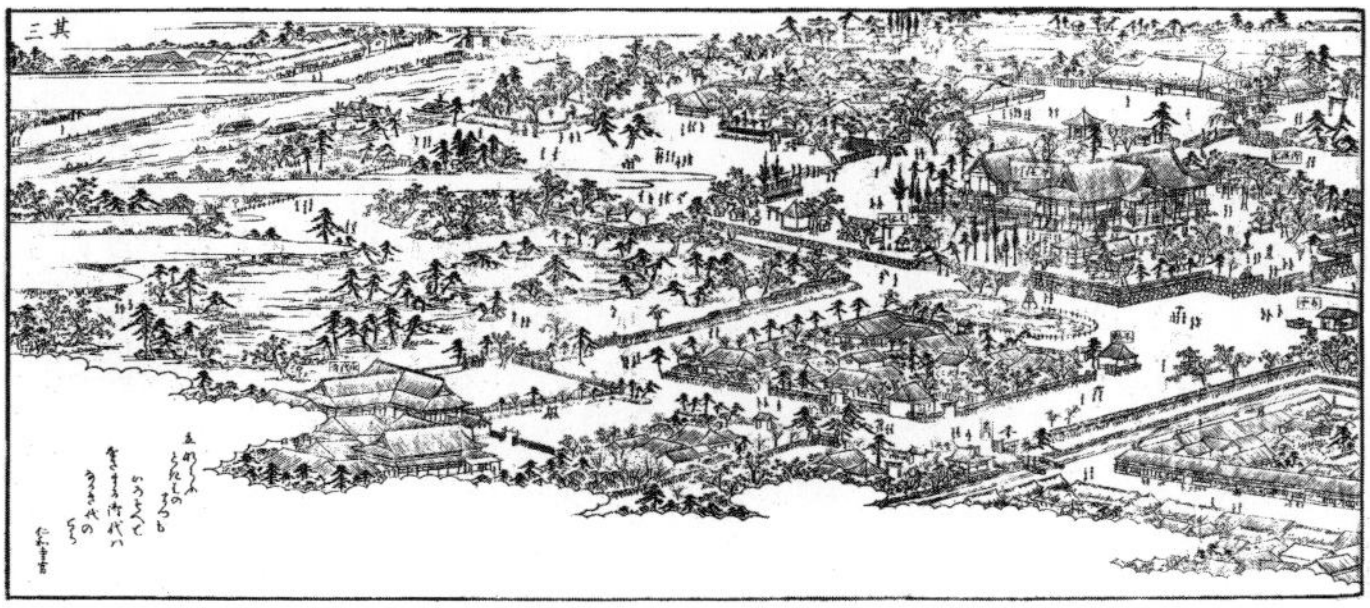

図7-5●富岡八幡宮の園池（『江戸名所図会［7］』）

庭園を開放して民衆に見物させていると書かれている。

『江戸名所花暦（二）』が出版された文政十年（一八二七）頃には、「この園中牡丹盛りの頃は、日覆《ひおおい》、障子をかけ渡し、奇麗なり」といわれるほど、ボタンでも名高くなっている。池の背後の築山は甲山と呼ばれていたが、富士信仰の流行で富士山にされ、「山開き」も行なわれている。参拝客を呼ぶために、庭園が盛んに利用されていたことがわかる。

現在の深川公園が、『江戸名所図会』に描かれている深川永代寺の場所だが、園池は埋め立てられてしまい、永代寺は塔頭吉祥院が改称して継いでいる。

亀戸天満宮・秋葉権現・根津権現の庭園

亀戸《かめいど》天満宮（江東区）は、寛文三年（一六六三）に社地を拝領し、社殿が造営されている。戸田茂睡《もすい》の『紫の一本《ひともと》』（天和二年［一六八二］）によれば、筑前《ちくぜん》の大宰府《だざいふ》天神を勧請《かんじょう》

写真7-4●亀戸天満宮の反橋

して、「社《やしろ》より初めて御手洗《みたらし》の池、拝殿、回廊まで安楽寺をうつしてきれいに作り」というように、すべて大宰府の安楽寺を模倣したらしい。この時に池には反橋《そりばし》を架けたのだろう（写真7-4）。御利益があるということで参詣人が増えたらしいが、「神《かみ》子《こ》美女にて心を惑はす人多し」というから、この効果の方があったのかもしれない。嘉永三年（一八五〇）の『絵本江戸土産（一）』は、「池の辺の藤の花、波の底にも紫のゆかりをうつす水の面《おも》［略］反橋も亀戸の名物とやいふべからん」として、反橋とフジ棚を描いている。

向島請地村《うけじむら》（墨田区）の秋葉権現は、隅田川対岸の新吉原や下町に信者が多くにぎわっていた。この境内の庭園が優れている

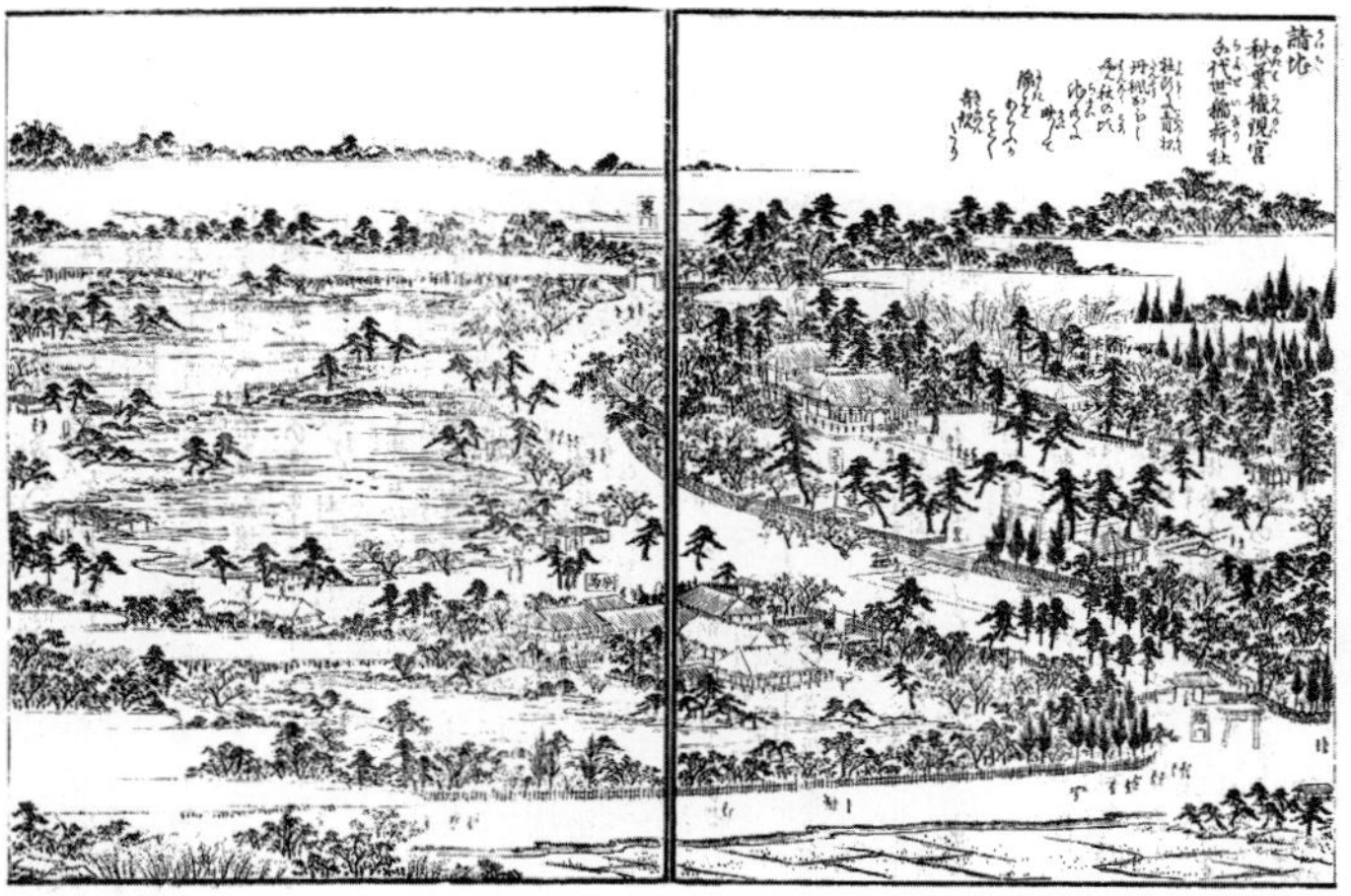

図7-6●秋葉権現の庭園（『江戸名所図会［7］』）

ことは有名で、毎年期日を決めて「秋葉の山開き」と称して公開していた。『江戸名所図会（七）』に「請地　秋葉権現宮・千代世稲荷社」と題した図（図7-6）が掲載されている。本文中には、「境内林泉《りんせん》、幽邃《ゆうすい》にして四時《しいじ》遊覧の地なり」と人気があった庭園のことが書かれている。門前には酒屋や料理屋が多く、それぞれが生洲《いけす》を構へて鯉を養殖していたという。本社の横に位置する園池はかなり大規模なもので、中央がくびれていて沢飛石伝いに対岸へ渡れるようになっている。植栽はマツが多く、池岸にはフジ棚やいくつもの四阿《あずまや》が設けられている。だが、この庭園は明治維新で荒廃してしまった（前掲「明治庭園記」）。

根津権現（文京区）の歴史は古いようだが、

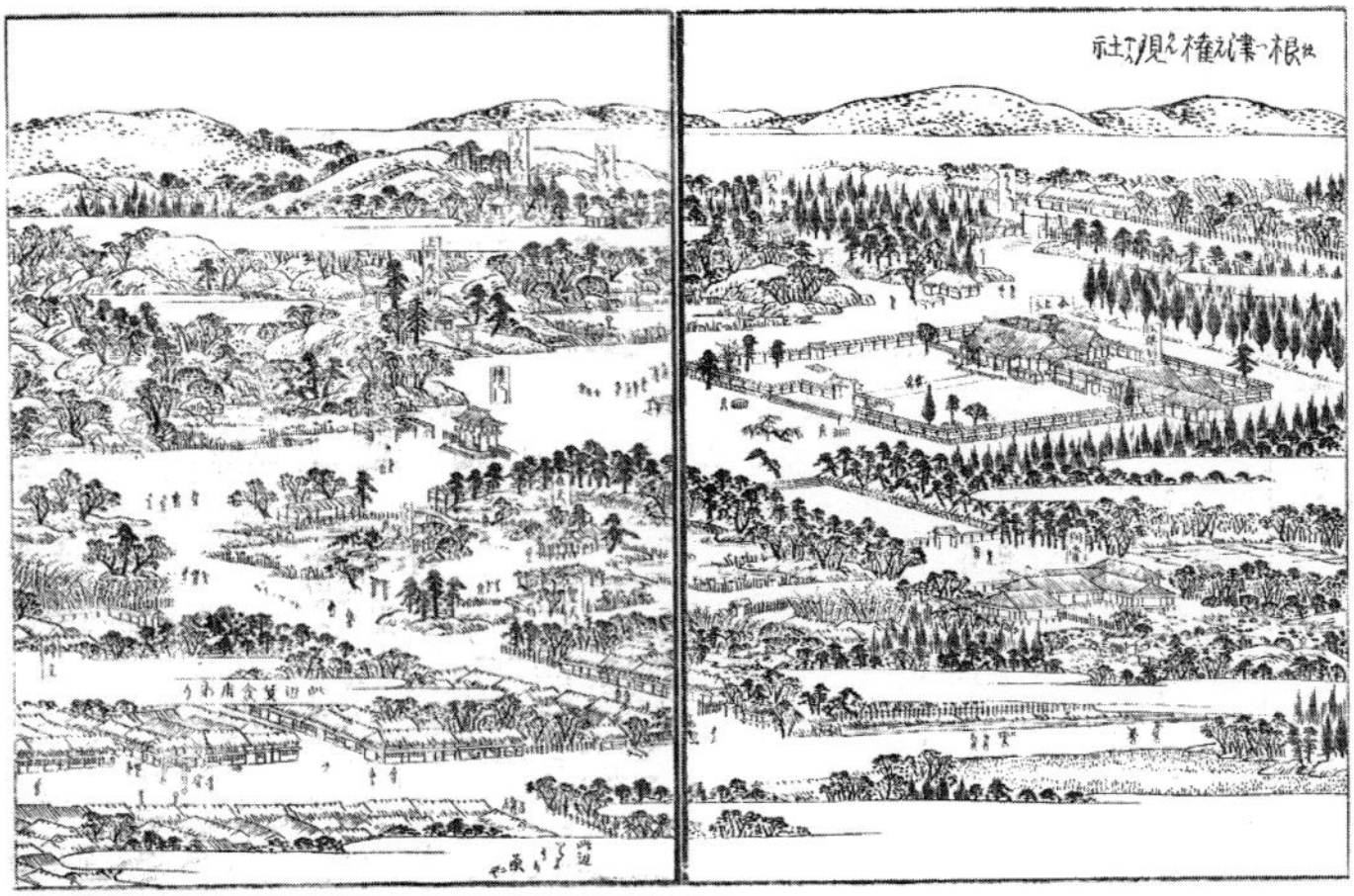

図7−7●根津権現と別当寺の庭園（『江戸名所図会［7］』）

甲府藩主徳川綱豊の援助を受けて現在の場所に移ったのは、宝永三年（一七〇六）のことだった。『江戸名所図会（五）』は、

> 当社境内は仮山《つきやま》・泉水等をかまへ、草木の花四季を逐《お》ふて絶えず、実《まこと》に遊観の地なり。

とし、楼門の横の弁天を取り囲む園池がある図（図7−7）を載せている（写真7−5）。現在も東側に園池があるのはその一部だろうか。改修をされているために、それほど古そうには見えない。なお、図には右側の本社の下に「別当」と記された建物と園池も描かれている。別当の昌泉院の庭園もよく手入れがされていて美しかったが、明治維新後に廃絶してしまったという（前掲「明治庭園記」）。

写真7−5●根津神社の楼門

4 寺社の縁日

寺院や神社の縁日には参道に植木屋が並ぶことが多く、江戸の人々は参詣のついでに冷やかしながら歩き、草花や植木を購入している。寺社の庭園とは直接関係がないが、人々が植物と触れ合う機会を提供していたので見ておきたい。

幕末の江戸を回顧した鹿島萬兵衛は、『江戸の夕栄《ゆうばえ》』（大正十一年［一九二二］）の中で、繁盛していた縁日として「茅場町《かやばちょう》の薬師、薬研堀《やげんぼり》の不動尊、上野三橋の摩利支天《まりしてん》、神楽《かぐら》坂《ざか》の毘沙門《びしゃもん》、虎の門の金比羅《こんぴら》、西川岸の地蔵、内神田六毘沙《ろくびしゃ》（六の日の毘沙門天）」の縁日を挙げているが、このうち茅場町と薬研堀では

「植木店《うえきだな》」が多く出ていたとしている。

浅草寺と湯島天神の縁日

江戸中期の柳沢信鴻《のぶとき》の日記『宴遊日記』によると、浅草寺（台東区）に参詣することが習慣になっていたことから、信鴻は「広小路」で植木を買うことが多かった。吾妻橋《あづまばし》に通じる浅草寺の雷門《かみなりもん》前の東西の通りを、当時は広小路と呼んでいた。信鴻は広小路を各月の三日と八日に訪れている。江戸後期の『江戸名所図会（六）』に「往古《むかし》は毎月三八の日このところにて市《いち》立ちしとぞ」とあることを意味しているのだろう。広小路の店は道路上だったから、植木屋・花屋の店はすべて仮設的な店舗だったことになる。『江戸名所図会』の図（図7-8）にも、植木屋が雷門の前で鉢物を棚に並べ、根巻きした樹木をその傍に置いている様子が描かれている。

信鴻は樹木として「うす紅小梅・大株の梅・福寿草・海棠（カイドウ）・柊（ヒイラギ）・柊棒木（枝を切り落としたヒイラギ）・伽羅木（キャラボク）・槙・南天・藤樹」、草花としては「鉄せん花（テッセン）・燕子華（カキツバタ）・白菊・白仙翁（センノウの一種）・為朝百合・薩摩菊・姫百合」を購入している。だが、植木に値を付けても植木屋が納得しなくて買えなかったり、買おうとしたが根付きが悪くてやめるようなことも起きている。

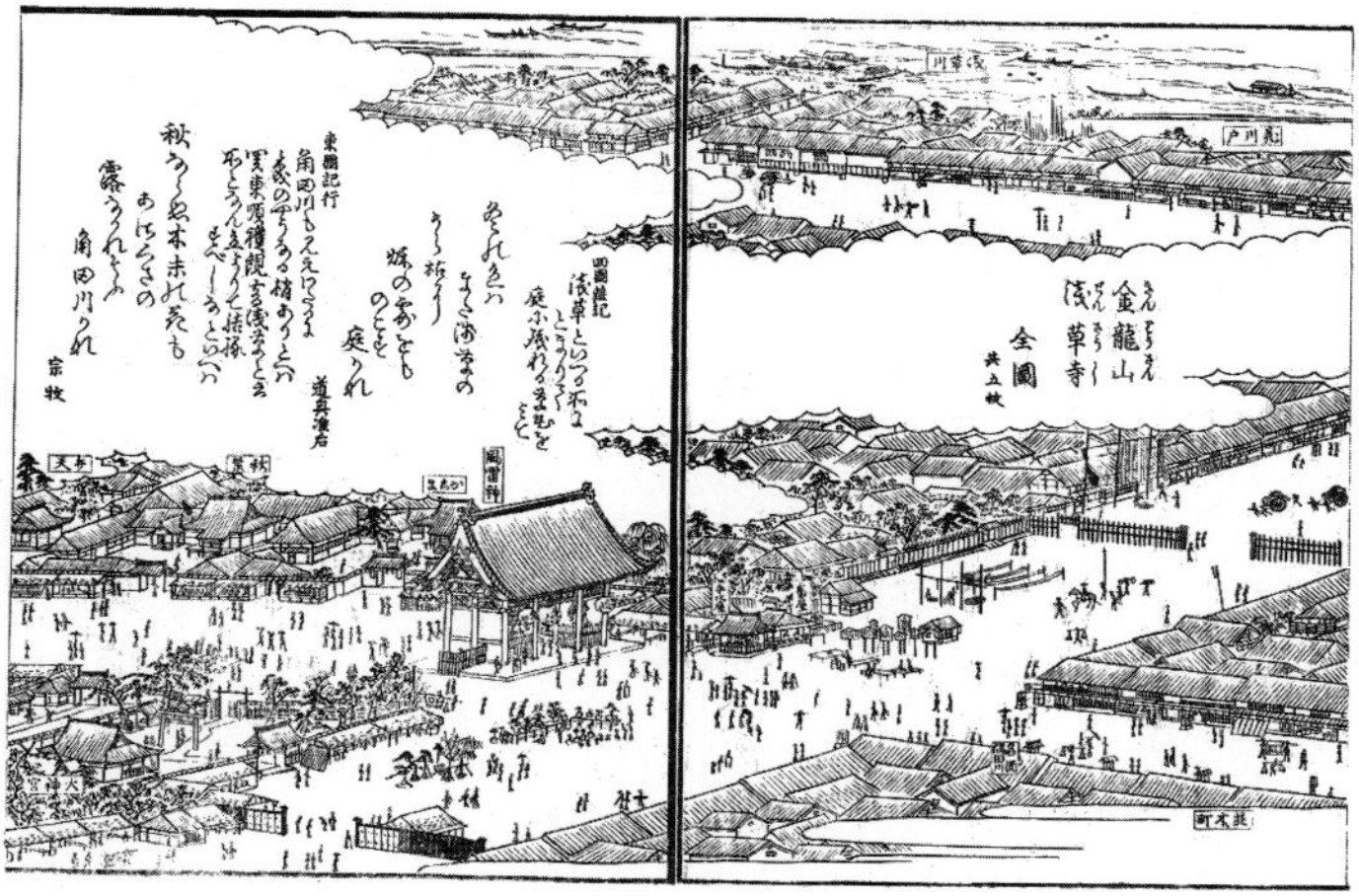

図7-8●浅草寺雷門前の植木屋の店（『江戸名所図会［6］』）

現在も残る湯島天神（文京区）では、神社の東西に植木屋が並んでいたらしい。『江戸名所図会（五）』の図中に「月毎《つきごと》の二十五日には植木市ありて、殊更《ことさら》にぎはしく一時の壮観なり」と書かれている。

信鴻はこの二十五日の植木市をねらって参詣に出かけ、樹木としては「柊（ヒイラギ）・桜・棘（バラ）・棒松（枝を切り落としたマツ）・山茶花（サザンカ）・松・紅梅・杜鵑花（サツキツツジ）・白実唐橘（カラタチバナの一種）」、草花としては「石竹（セキチク）・花菖蒲・鉄仙花（テッセン）・おもと・小菊・万年青草（ハラン）・番椒（トウガラシ）」、そのほかタケ類では「寒竹（カンチク）」を購入している（飛田「江戸の植木屋と花屋」『長岡造形大学研究紀要（五）』）。

茅場町薬師堂の縁日

日本橋茅場町（中央区）の薬師堂の植木屋について、江戸後期の『江戸名所図会（一）』は「縁日は毎月八日・十二日［略］にして、門前二、三町の間、植木の市立てり」と述べ、門前には二〇〇〜三〇〇メートルほどにわたって、多くの草花や樹木が売られていたとしている。『都の手ぶり』（『古事類苑』産業部二）はこの植木屋が並ぶ光景を、

橋（海運橋）より南さまにをれゆけば、いづこの野山よりかもてきにけん、さまぐ〵の木草数しらずならべおきてあきなふ。

と記している。どこの野山から持ってきた樹木や草花を並べているのかと驚くほどだったというから、かなりの数の植木屋が店を出していたのだろう。

同書によれば植木屋が販売していた植物としては、次のものがあった。

きく・くさのかう（香草の一種）・きちかう（キキョウ）・りうたむ（リンドウ）・しをに（シオン）・くたに（ボタン）・さうび（バラ）・藤ばかま・萩の花・朝がほ・姫ゆり・なでしこ・いぬた

図7-9●萱場町の植木屋の店（『江戸名所図会［1］』）

で・ゐのこ草（エノコグサ）・鳳仙花（ホウセンカ）・鶏頭草（ケイトウ）・松・竹・かや・ひらぎ（ヒイラギ）

『江戸名所図会（一）』が描いているここの植木屋の店には（図7-9）、鉢植えの物としてボタン・ソテツ・サボテン・カラタチバナ・マツなど、根をくくっている物としては、ツツジ・アヤメ（あるいはカキツバタ）などが見える。

鹿島萬兵衛は縁日の植木店でのやり取りを次のように書いている。

客「オイその鉢の梅はいくらだ」
植木屋「旦那コリヤア随分の古木デス、お安く負けて二両二分（一〇分）にして置きませう」

客「こつちの鉢なしのは」
植「こつちは三貫五百（三・五分）デス」
客「両方で二朱（〇・五分）やらう」
植「旦那御じよう談をおつしやらないで買つて下さい」
客「イヤなら御縁がないのだ」
植「モシモシ旦那、ソンナラ両方で一分やつて下さい」
客「それならモウ三百（〇・三分）やらう」
植「エ、口明《くちあけ》だ、願つて置きませう」

当時一両は四分《ぶ》で、一分は四朱だった。また、一両は銭四貫文《かんもん》で、一貫文は銭一〇〇〇文《もん》に相当した。両・分・朱という金貨の単位と、貫・文という銭貨の単位を交互に言い合っているので、どちらが得したのかわからなくなる。

5 町人たちの娯楽の場としての寺社庭園

将軍家の菩提寺として建立された寛永寺は、宗派が天台宗だったためか大規模な庭園は設けられていないが、将軍御成りの際に使用する御殿に付属した庭園がつくられている。増上寺も将軍家の菩提寺だったことから、やはり御成り御殿に庭園が設けられている。どちらも多くの子院があり、それらには庭園が存在していた。

家光が建立した東海寺では、京都の禅宗寺院の影響を受けたためか、大規模な園池を持つ庭園が築かれている。だが、江戸では寺院に名園がつくられることは少なかった。将軍のための大寺院は建立されたが、地方に末寺を多く持ち財源的に余裕がある本山が建てられなかったことが、原因だったと考えられる。

だが、江戸の多くの寺院では維持経費を捻出するために、庭園を活用するようになっていく。庭園を公開して見せるだけでなく、境内に草花や花木を植えて参拝客を集めようとしている。また、風光明媚な寺院では、地形を生かしてサクラ・カエデなどを植えて知名度を上げ、名所にするように努力している。

江戸時代には神社は神仏混交だったために、富岡八幡宮や根津権現のように別当が居住していた寺院には、庭園が存在するものが多かった。神社では参道の先に蓮池を設けて反橋を架け、本殿は清浄な場所であることを示そうとしているが、園池の護岸石組がすぐれた所はあまりない。富岡八幡宮のように境内に茶屋が設けられている神社もあったが、集客を目的に草花・花木を盛んに植えている所は少ない。神官が居住していない場合が多いために、信仰の場所であってくつろぐ場所ではないということから、本格的な庭園をつくらなかったのだろう。

寺社の縁日も、江戸の人々にとっては楽しみだったようだ。縁日が繁盛すれば参拝客も増え、店舗設置料も入るということで、寺社も十分に見返りがあった。江戸中期の浅草寺や湯島天神の賑わいはかなりのものだったようだ。樹木や草花の種類からは、多様な園芸品種が生まれていたことがわかる。武家のように庭園を愛でることは町人達には叶わなかったが、寺社は町人文化を花開かせる格好の場だったわけだ。江戸後期の茅場町薬師堂の植木屋は、門前に二〇〇―三〇〇メートルほどにわたって植木屋が並んでいたという。ここでは草花が多いが、サボテンまで販売しているのが面白い。

こうした寺社の賑わいも明治維新後は、慶応四年（明治元、一八六八）三月に神仏分離令が出されために、廃仏毀釈《はいぶつきしゃく》運動が起こり、寺社の庭園の多くが破壊されてしまった。

第8章 農民・町人の庭園

1 江戸の農民と町人

江戸の人口は享保六年（一七二一）の調べでは、町奉行支配の町方町人は五〇万一三九四人（男三二万三二八五人、女一七万八一〇九人）だった。享保十八年（一七三三）には町方人口が四七万五五二一人（男三〇万三九五八人、女一七万一五六三人）、寺社門前人口が六万八五九人（男三万六三一九人、女二万四五四〇人）で合計五三万六三八〇人になっている。弘化元年（一八四四）には、町方人口が四九万一九〇五人（男二五万五七九二人、女二三万六一一二人）、寺社門前人口が六万七五九二人（男三万五〇六八人、女三万二五二四人）で、合計五五万九四九七人に増加している。

武家人口と町方人口の割合は、同率か四対六と見られている。町方人口がほぼ六〇万人なので、武家人口を四〇万人とすれば、一〇〇万人に近い人口だったことになる。さらにこれに僧侶・吉原などの人口を加えれば、江戸の総人口は一二〇万人から一三〇万人になるという（『中央区史』上）。江戸中期の享保六年では男子人口が女子の倍近いが、江戸後期の弘化元年になると男女差はなくなってきている。出稼ぎの男子が減り嫁に来る女子が増えて、安定した社会になってきたということだろう。

周知の通り、江戸時代には「士農工商」という封建的な階級観念があった。しかし、身分が低いとされていた商人たちは、次第に商業活動によって裕福になり、生活水準は武士よりも高くなっていく。そうしたことが町方人口の増加にも現われているわけだが、裕福な町人は庭園を持っていたのだろうか。商人よりも身分が高いとされた農民は、庭園をつくることがあったのだろうか。今まであまり取り上げられて来なかった、農民と町人の庭園を見ていくことにしたい。

2 名主の庭園

喜右衛門と今井五郎兵衛の屋敷

自分の田畑も持たない農民も多かったが、農村のまとめ役を勤めた名主《なぬし》と呼ばれた階層などは、立派な屋敷を構え庭園もつくっている。

享保九年（一七二四）四月十一日に八代将軍吉宗は隅田川辺での鷹狩の際に、亀戸村（江東区）の農家喜右衛門の庭中で「臥竜梅」を見ている（『実紀』）。竜が伏せているような姿をしたウメは、形と花が美しかったことから、次第に有名になっていった。文政十年（一八二七）に刊行された『江戸名所花暦（一）』の「梅」の項には梅屋敷について、

清香庵《せいきょうあん》喜右衛門が庭中に臥竜梅《がりょうばい》と唱ふる名木あり。実に竜の臥たるが如く［略］園中梅樹《うめ》多しといへども、殊《とく》に勝れたり。

と書かれている。梅林の中には茶屋が設けられ、多くの見物客が訪れていたことが、絵図（図8-1）

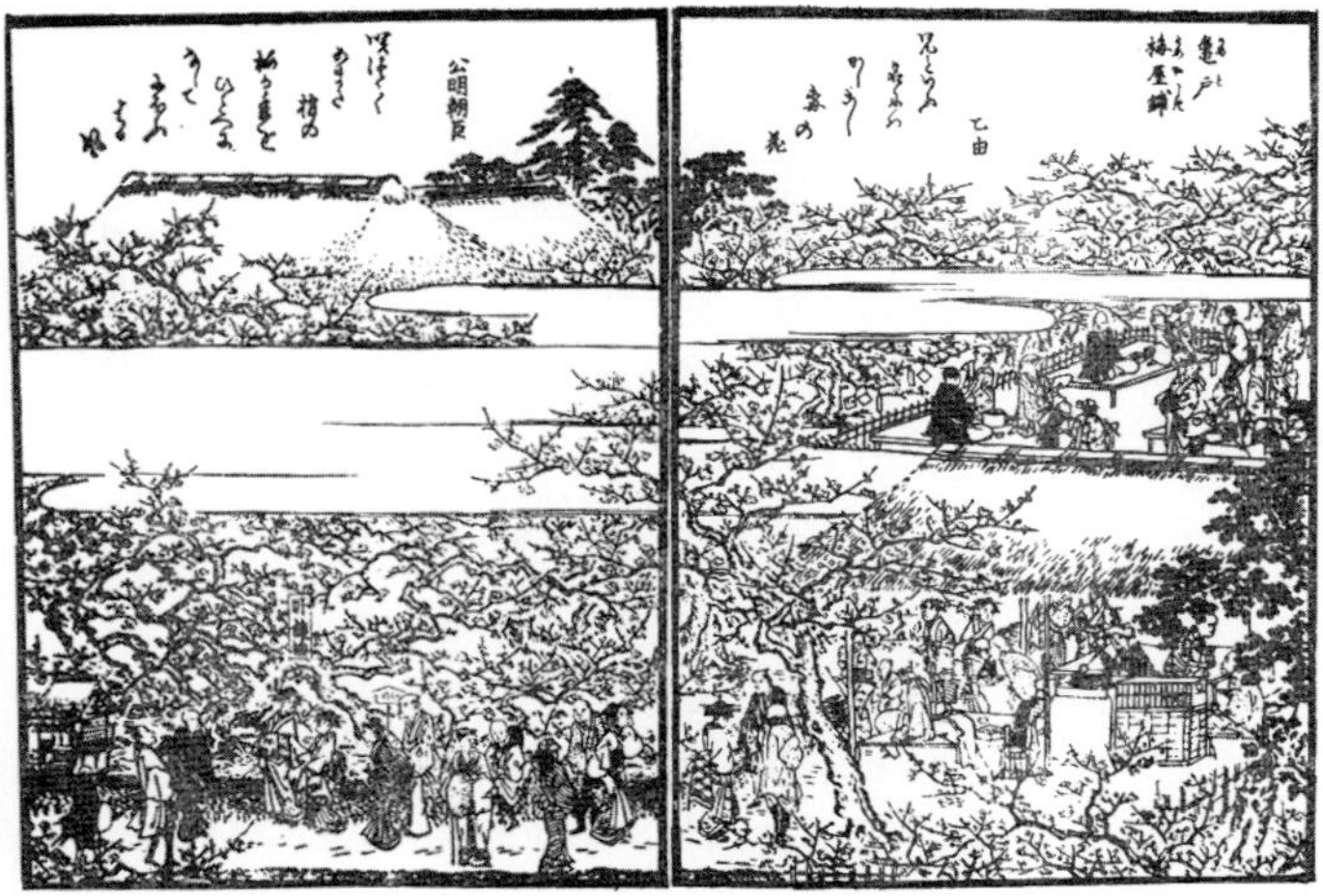

図8-1●亀戸の梅屋敷（『江戸名所花暦（1）』）

によってわかる。

駒込妙義坂（豊島区駒込）の名主今井五郎兵衛の庭には、「一行寺」という名高いカエデがあった。これを十一代将軍家斉は聞いて、鷹狩の折に訪れている。紅葉が美しかったことから、酒を飲んで顔が赤く染まることを連想してか、「大盃」と名付けている（『続実紀』文恭院付録）。

江戸後期の『遊歴雑記（四下二十八）』はこの今井邸について、「豊後・薄紅・青軸・八重紅梅」など普通の「野梅」とは違った、さまざまな品種が数百本植わっているとしている。喜右衛門の臥竜梅の場合と経過がよく似ていて、カエデで有名になっていたことから、花が美しい珍しいウメを数多く植えて梅林を経営するようになったようだ。

鈴木左内の屋敷

江戸後期になると、花を見物する来客が多くなったことから、商売として飲食を提供する農家も出現している。『遊歴雑記（五下三十四）』によれば、武蔵国荏原《えばら》郡世田谷の上北沢村（世田谷区）の名主鈴木左内という者が、ボタンを栽培するようになって『江戸四季巡覧』という本を出版したことから、見物に訪れる客が増加したという。

「東西十三間（二三・六メートル）南北六間（一〇・九メートル）、中に一の花壇より第七の花壇まで、凡《およそ》三百八拾五種の牡丹」と大浄は書いている。第一・第二の花壇にそれぞれ五九種、第三・第四の花壇にも一七種ずつ、第五・第六の花壇にも五九種ずつ、第七の花壇に四七種のボタンが植えられていたことと、そのすべての品種名を挙げ、巻末に花壇の概略の配置図を示している（飛田『日本庭園の植栽史』）。『甲子《かっし》夜話（九八―八）』にも同じ品種名が書かれていることからすると、鈴木の『江戸四季巡覧』からの引用ということになる。

当時の人々にはボタンの多くの品種が集められていたことが、驚きだったのだろう。『遊歴雑記』は「大久保百人組飯島武右衛門が絶品の映山紅《えいざんこう》としらずして、見ざると一対といはんか」とまで絶賛している。ところが、左内の邸宅中庭にある秘蔵のボタンを見たいと頼むと、料理を申し込んでの上でないと見せられないと言われ、三人で二〇〇疋《ぴき》を要求されている。

3 町人の庭園

名主平右衛門と札差伊瀬屋喜太郎の屋敷

江戸市中の町人も自邸や郊外の別荘に庭園を持つ例が、次第に多くなっている。浅草平右衛門町（台東区浅草橋一丁目・同柳橋一丁目付近）に居住していた名主平右衛門の庭園ことが、「浅草町方書上（一の上）」（『江戸町方書上』一）に書き留められている。この取調べは第9章で述べる、享保の改革における贅沢禁止命令と関連しているのかもしれない。

享保十年（一七二五）に松平千次郎の屋敷が幕府の命令で上地された際に、平右衛門に与えられた「御影石大手水鉢《ちょうず》」と「伊豆磯などの石の踏段石（くつ脱ぎ石）」が、間口が田舎間で五間二尺六寸八分（九・九メートル）、奥行が二〇間（三六・四メートル）の一一〇坪ほどの敷地内にあったという。武家から与えられた手水鉢・飛石を庭の隅に放置しておくことはできないので、平右衛門は庭園をつくり中に取り入れていたのだろう。

また、浅草新旅籠町《しんはたご》代地（台東区蔵前四丁目）には、旗本・御家人の蔵米の受け取りや売りさばきなどを行なう札差《ふださし》だった伊勢屋喜太郎の屋敷があった。「浅草町方書上（三）」によると、ここには太秦《うずまさ》型の石燈籠が一基あることが、名主岩蔵から報告されている。

元は細川三斎《さんさい》（一五六三―一六四五）の数奇屋の庭にあった石燈籠だが、県宗知《あがたそうち》という茶人に与えられたことから弟子の林道浜へ伝わり、喜太郎の先祖の三宅白隠という者が享保六年（一七二一）に譲り受けたという。高さ五尺（一・五メートル）ほどで笠石幅は三尺七寸（一・一メートル）あまりの「太秦石燈籠之図」が掲載されている。県宗知は幕府の庭作りだった人物で、当時はかなり有名だった。越後新発田《しばた》藩溝口家の下屋敷だった、新発田の清水園の作庭をしたという伝えも残っている（重森三玲・重森完途『日本庭園史大系（三十二）』）。

平右衛門や伊瀬屋喜太郎の例からすると、武家から町人へ手水鉢・くつ脱ぎ石・燈籠などが与えられたことが、町人が庭園をつくる動機にもなったことがうかがえる。喜太郎の石燈籠の由来からすると、町人も茶道をたしなむようになり、露地や茶庭を作るようになったようだ。

深川木場の材木問屋

日本橋にあった材木置場は船の運航に差し支えるということで、寛永年間（一六二四—一六四三）に隅田川東岸の深川（江東区）に移転させられたが、さらに元禄十三年（一七〇〇）には、木場《きば》に六万坪の土地を与えられて移っている（『増訂武江年表』）。

嘉永三年（一八五〇）の『絵本江戸土産《みやげ》（二）』に、

深川木場　この辺材木屋の園多きにより、名を木場といふ。その園中おのおの山水のながめありて、風流の地と称せり。

という奇妙な一文がある。材木置き場の庭園といのは、どのようなものだったのだろうか。

文政九年（一八二六）の『遊歴雑記（五下三十三）』の記事によると、深川久永町は正覚寺橋の川筋を一〇町（約一キロメートル）ほど東に行った所で、「猪《い》の堀」の隣に位置していたという。ここの「天満屋忠兵衛」の屋敷は、奥行が一町半（一六三・六メートル）もあって、住宅は西の方に建てられていて、南北方向にひどく折曲している堀が設けられていた。その中にはありとあらゆる種類の角材が沈められていて、幾千万本あるかわからないほどだったという。この堀の中央に南北一町（一〇九メートル)、東西一町半、幅が三間(五・五メートル)ほどある十文字の堤があった。

高さ水隈《くま》より六七尺(一・八―二・一メートル)もあらんか、此堤の左右必至とたゞ桜のみにして[略]。

というように、この堤の左右はただサクラだけで、どれも大木の枝を交えて垂れていた。花盛りの最中だったので、八重の花の色は美しく風情があったという。

このサクラの間には「映山紅」というキリシマツツジの一種が植えてあって、満開のときはその赤さは燃えるようだったらしい。堤の裾の通りはアヤメの花が真っ盛りで美しく、西の方の木挽《こび》きの小さな家には、ボタンの花壇があって数十種が植え並べられていた。

西ヶ原の太右衛門の抱屋敷

湯島の町人の太右衛門(屋号牡丹屋)は西ヶ原村(北区)に屋敷を持ち、ボタンを栽培していて名高かった。明和八年(一七七一)の『江戸西国巡礼』に、牡丹屋太右衛門の「牡丹畑」は江戸随一のもので見物人も多いと記されている。

当初、牡丹屋九右衛門という人物が、幕府御用のボタンを作るために拝領した屋敷は、市谷《いちがや》門外の船河原町（新宿区）にあった。だが、天明六年（一七八六）に西ヶ原村に屋敷地一二六坪と畑一四坪を購入し、さらに享和二年（一八〇二）に畑五一二坪を取得している（『北区史』通史編近世）。抱屋敷は武家だけでなく、町人や百姓も農地を購入あるいは借地して持つことができたことがわかる。

『増訂武江年表』の「寛政年間（一七八九―一八〇〇）記事」にも、

いつの頃より始まりしか、西が原に湯島の牡丹屋太右衛門の別荘ありて、花壇に紅白の牡丹英《えい》をあらさふ。盛りの頃貴賎群集せり（文化［一八〇四―一八一七］の始めに絶えたり）。

と書かれている。幕府にボタンを納めることは、西ヶ原に移った時点で終わっていたのだろうか。ボタンの品種を数多く栽培することで客を呼び集め、飲食店を経営するほどになっている。松浦《まつら》静山（一七六〇―一八四一）は『甲子夜話（九十八―八）』に、「何《い》つの間にか廃して、今は其処を知る人さへ無し」と記している。文化二年に神田に住む甥の理右衛門に土地の所有が移ったことが、消滅した理由だろうか（前掲『北区史』）。

駒込の小間物問屋の別荘

文政六年（一八二三）の『遊歴雑記（四下二十八）』には、日本橋室町（中央区）の木屋九兵衛という小間物問屋主人が、先に見た駒込妙義坂の今井五郎兵衛の隣家の北後ろに、別荘を建てていたことが書かれている。

林泉殊更《ことさら》広く、数百の石燈籠、もろもろの造り木、種々の庭石夥《おびただ》しく、屋敷の中央には物数寄《モノスキ》の住居を建、常に植木屋何某が地守すれば、いよいよ枝を撓《たわめ》諸木を造る程に、［略］。

木屋九兵衛の抱屋敷では、石燈籠や植木・庭石を数多く集め、数奇屋風の建物を造り、植木屋に樹木の枝を整えさせるというように、財力を注ぎ込んで庭園を造営している。しかも年代的には家斉と思われる将軍が、王子を訪れた際に立ち寄って見物しているのだから、贅沢を賛美するというのが文政年間の傾向だったようだ。

大森の和中散

『遊歴雑記（初上四）』は蒲田村《かまた》（大田区）の梅林について、

武州荏原郡東海道筋、やわたに隣りたる大森村北側、江戸の方よりは三軒目の和中散ひさぐ薬店にそひて細小路を北へ入れば、方弐拾余町（約二キロメートル四方）が間梅林にして、目のおよぶ処白梅ならずといふことなし。

と、位置と規模を記している。「白梅」ばかりを植えていたということは、本来は梅干などにする果実を生産するための畑だったことになる。次第に江戸の人々はウメの花を観賞するために、春先にこの土地を訪れるようになったようだ。

斎藤彦麻呂が弘化四年（一八四七）に書いた『神代余波《かみよのなごり》』によると、蒲田村（大田区）の農家や田畑の周囲にはウメの木がたくさんあったが、最初の頃は、花の頃に見に行く人があれば腰掛のようなものを出して置き、渋茶は出すが酒や食事は提供していなかった。花をほしいと言えば好きな所の枝を切り取ってくれたが、わずかな金銭を取るだけだったという（『大田区史』中）。

ところが、『江戸名所花暦（一）』（文政十年［一八二七］）によれば、蒲田の梅林の手前にあった「和中散」という薬屋は、文政の初めの頃（一八一八年）、裏側と通りの両側へウメを五〇〇本ほど植えて、店から北の方に枝折戸《しおりど》を設け、「蒲田」という二文字の額を書いていたという。野梅を残らずここに集めて、一目で見渡せるようにして、その外にも園中には様々な花を植えていたとしている。客を呼びこむために、かなり本格的な梅林をつくったようだ。

それだけでなく、『江戸名所花暦（二）』によれば、「後園梅樹《こうえんうめのき》のもと一めんの池にして、杜若を植たり」というように、園池まで設けてカキツバタを植栽している。先の『神代余波』は、四阿《あずまや》を所々

写真8－1●百花園の現在

に建て、筆・硯《すずり》・短冊《たんざく》などを並べたてているのだが、ひどく風流を失い、「上べをかざる山師（詐欺師）の賎《いや》しくきたなきこゝろさまあらはす」ようだと批判している。

鞠塢の百花園

百花園は道具屋だった鞠塢《きくう》によって、向島寺島村（墨田区）に造営されたもので、最終的には二町（二一八メートル）四方の規模になっている（写真8－1）。『遊歴雑記（三上―二十二）』によると、文化二年（一八〇五）に百姓の土地二つあるいは三つを一つにして、梅園をつくったのが始まりで、年々来客者が多くなったことから、文化六年に春秋の草花を植え込むようになったという。この時に植えられた植物としては、次のものなどがあった。

薬草八百余種・萩・木槿《モクゲ》（ムクゲ）・桔梗（キキョウ）・茢萱（カルカヤ）・女郎花（オミナエシ）・常夏（ナデシコ）・仙翁花《センノウケ》（センノウ）・観音草（キチジョウソウ）・ふじばかま・日々草（ニチニチソウ）・蝦夷菊（エゾギク）・益母草《ヤクモソウ》（メハジキ）・小車の花（オグルマ）・灸花《ヤイトバナ》（ヘクソカズラ）・紫苑（シオン）・水引（ミズヒキ）・犬蓼（イヌタデ）・野菊・鳳仙花（ホウセンカ）・白粉花（オシロイバナ）・葉鶏頭（ハゲイトウ）

百花園の代表的な花として、文政十年（一八二七）の『江戸名所花暦（一・三）』は「梅・牡丹・七草」を挙げ、嘉永四年（一八五一）の『東都遊覧年中行事』（三田村鳶魚編『江戸年中行事』）は「梅・牡丹・杜菖蒲（カキツバタ）・芍薬・蓮・秋草・萩」、安政六年（一八五九）の『武江遊覧志略』（前掲『江戸年中行事』）は「梅・山吹・牡丹・燕子花《かきつばた》・芍薬・牽牛花（アサガオ）・秋七草・萩・菊」を挙げている。明治の図を見てもウメが多いのが特徴だが、目立たせたい植物の数を次第に増加させていったようだ。再来者を増やすには飽きさせないように、絶えず変化させることが必要だったのだろう。

百花園には庭園的要素と梅林的要素が交じり合っているのは、江戸時代の植物園としては風情が大事だったからだろう。百花園の誕生は時期的に見れば、寛政の改革（一七八七—一七九三）と天保の改革（一八四一—一八四三年）の間だった。多種多様の植物が楽しめる庶民のための行楽地が、民間人によって創り出されたことは画期的なわけだが、文化年間はまさにそうした時代だった。

4 料理屋の庭園

十七世紀から外食を販売する商人が出現し、文化・文政期（一八〇四―一八二九）に料理屋は全盛期を迎え、文化元年には六一六五軒に達している（『徳川禁令考』三三四四）。幕府の役人や各藩の役人・留守居役、町人たちが会合や商談に使ったことから、高級料理屋が繁盛するようになったらしい。

喜田川守貞の『近世風俗志（五、生業上）』（嘉永六年［一八五三］）は、江戸の料理屋として最も有名なのは山谷《さんや》（台東区）の八百善《やおぜん》で、これに次ぐのが深川八幡（江東区）の平清としている。このほか知られている郊外の料理屋としては、浅草大音寺前（台東区）の田川屋（駐春亭）、向島《むこうじま》（墨田区）と今戸（台東区）の大七、橋場（台東区）の川口、真崎（荒川区）の甲子屋《きのねや》、小梅（墨田区）の小倉庵、柳橋（中央区・台東区）の柳屋・万八・亀清・中村屋などがあった。

深川の料亭

江戸時代の江東の行楽は、正月元旦は洲崎の海浜で初日の出を拝むことから始まるといわれていた。深川界隈は埋立地だったことから、河川に接し海にも面していて眺望がすぐれていた。『砂払《すなはらい》』（大正二―十年［一九一三―一九二二］）は「巽《たつみ》八景（深川八景）」として次のものをあげている。

永代《えいたい》の帰帆《きはん》・八幡《はちまん》の晩鐘・仲町の夜雨・櫓下《やぐらした》の夕照《せきしょう》・石場の暮雪・佃《つくだ》町の落雁・洲崎の秋月・新地の晴嵐《せいらん》

『反古染《ほごぞめ》』によると、明和（一七六四―一七七一）の頃から、浅草・深川などの裕福な町人の抱屋敷、深川永代寺の庭や洲崎弁天・深川八幡の茶屋では、手の込んだ家作をするようになったらしい。洲崎の升屋《ますや》は洲崎東部の久右衛門町あたりにあった店で、明和八年頃に開店したと推測されている。山東京山の『蜘蛛《くも》の糸巻（料理茶屋）』（弘化三年［一八四六］）によれば店の有様は、

其住居二間の床《とこ》、高麗縁《こうらいべり》、長押《なげし》作り、側付を広敷（広座敷）とし、二の間、三の間に座しきをかこひ、中の小亭《ちん》、又は数寄屋、鞠場《まりば》（蹴鞠をする所）まであり、庭中は推《お》してしるべし。

図8-2●二軒茶屋での雪の日の宴（『江戸名所図会［7］』）

というものだった。だが、升屋は寛政三年（一七九一）八月の津波以前に、洲崎での営業を廃止してしまった。営業を支えてきた大名・高級武士が、田沼政権（一七六七―一七八六年）の崩壊とともに離れていったことなどが原因だったらしい（花咲一男「描かれた深川―その絵師たち」『深川文化史の研究［下］』）。

門前仲町一の鳥居から三、四町の間に、大小の料理茶屋が軒を並べていたが、なかでも平清と富岡八幡宮境内の二軒茶屋が有名だった（『江東区史』）。二軒茶屋は富岡八幡宮の東北隅にあり、永木堀に面していたことから船で大川から海へも出ることもできたらしい。名前は京都祇園の二軒茶屋からをとったもので、茶屋が二軒並んでいたわけではない。最盛期には松本・宮本・山本・富本・伊勢屋・夷《えびす》屋《や》の六軒があった（前掲「描かれた深川」）。

雪景色がすぐれていたようで、『江戸名所図会（七）』の「二軒茶屋雪中遊宴の図」（図8-2）には雪が降りしきる中、雨戸・障子を開けて宴会をしている光景が描かれている。背後の築山には樹木が繁茂し、掘割の水面が広がっていた。同書所収の「富岡八幡宮（其二・三）」の図によって、二軒茶屋全体を見ることができる。

向島請地の料理屋

向島請地《うけち》（墨田区）では、隅田川に沿って料理屋が建ち並んでいた。『江戸名所図会（七）』によると秋葉神社あたりの庵崎《いおさき》では、細い河川に沿っていく軒も茅葺屋根の店があったようだ（図8-3）。その中でも入り口に藤棚がある店では奥に園池が設けられていて、それを囲むように座敷を持つ建物がいく棟も描かれている。この図中の文には、

須崎より請地秋葉の近傍《あたり》までの間、酒肉店《れうりや》多く、各《おのおの》簀《いけす》をかまへ、鯉魚《こい》を畜《かふ》。酒客おほくこゝに宴飲す。

と説明されている。

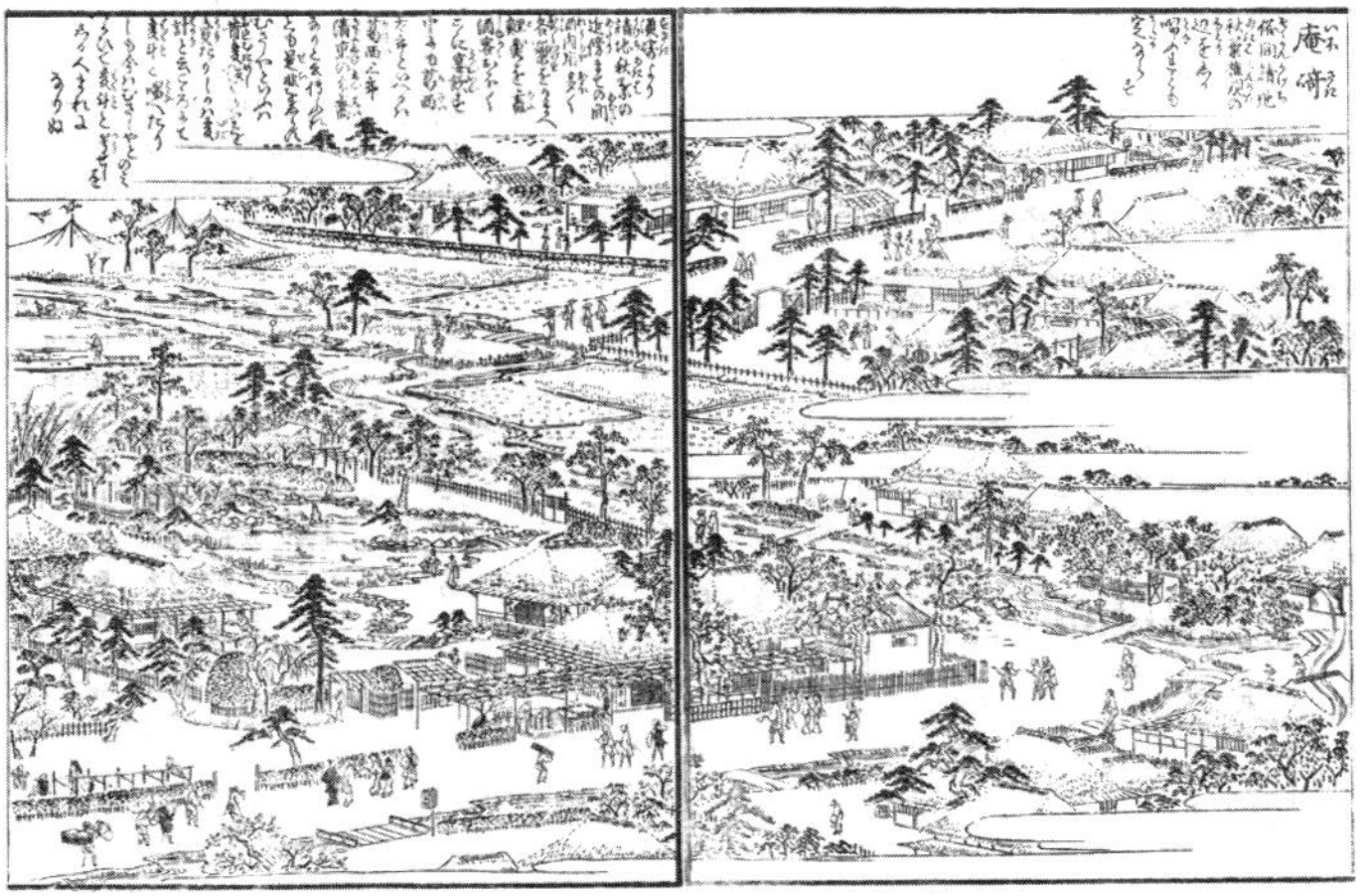

図8－3●庵崎の料理屋の庭園（『江戸名所図会［7］』）

『嬉遊笑覧（十上）』によると、武蔵屋は寛延（一七四八―一七五〇）の頃は麦飯ばかりを売っていたというから、次第に料理なども出すようになったようだ。鯉料理で有名だった葛西太郎の店は、隅田川を行く船から向島の堤越しに見えたらしいから（『墨田区史』前史）、まわりに川が描かれていないこの図の店は、武蔵屋ではないだろうか。

王子の料亭

江戸の郊外だった王子にも、料理屋が存在していた。『増訂武江年表』の「寛政年間記事」の項に、「寛政十一年（一七九九）春より王子村料理屋海老や・扇屋見せ開きあり」と記されている。大田南畝は『金曾木《かなそぎ》』（文

図8－4●王子村の料理屋（『江戸名所図会［5］』）

化六年［一八〇九］）に、王子の茶屋は最初は菜飯《なめし》と田楽《でんがく》だけを青魚と三葉芹を描いた平皿に盛っただけだったのが、今は海老屋・扇屋などという料理屋が出来て、そのほかの茶屋もその仕方を学ぶようになったと書いている。

『江戸名所図会（五）』（文政十二年［一八二九］序）には、この付近の料理屋の図（図8－4）と具体的な説明が載っている。飛鳥橋のあたりの料理屋の建物は立派で、後方の建物では音無川に生洲《いけす》を設けていたという。かなり都下から離れているといっても、常に王子稲荷へ詣でる人はここで憩い、終日流れに臨んで宴会を催して泥酔する人も多かったらしい。眺望や河川などの自然条件が整っていたことで、簡単な庭園を持った料理屋ができ、王子稲荷への参拝客でにぎわっていたようだ。

絵図を見ると、川に臨んだ右手の小座敷の横には飛石がめぐらされ、庭園の隅には蹲踞と燈籠が置かれていて、植栽も施されている。川岸にはマツなどの高木が生え、その下の斜

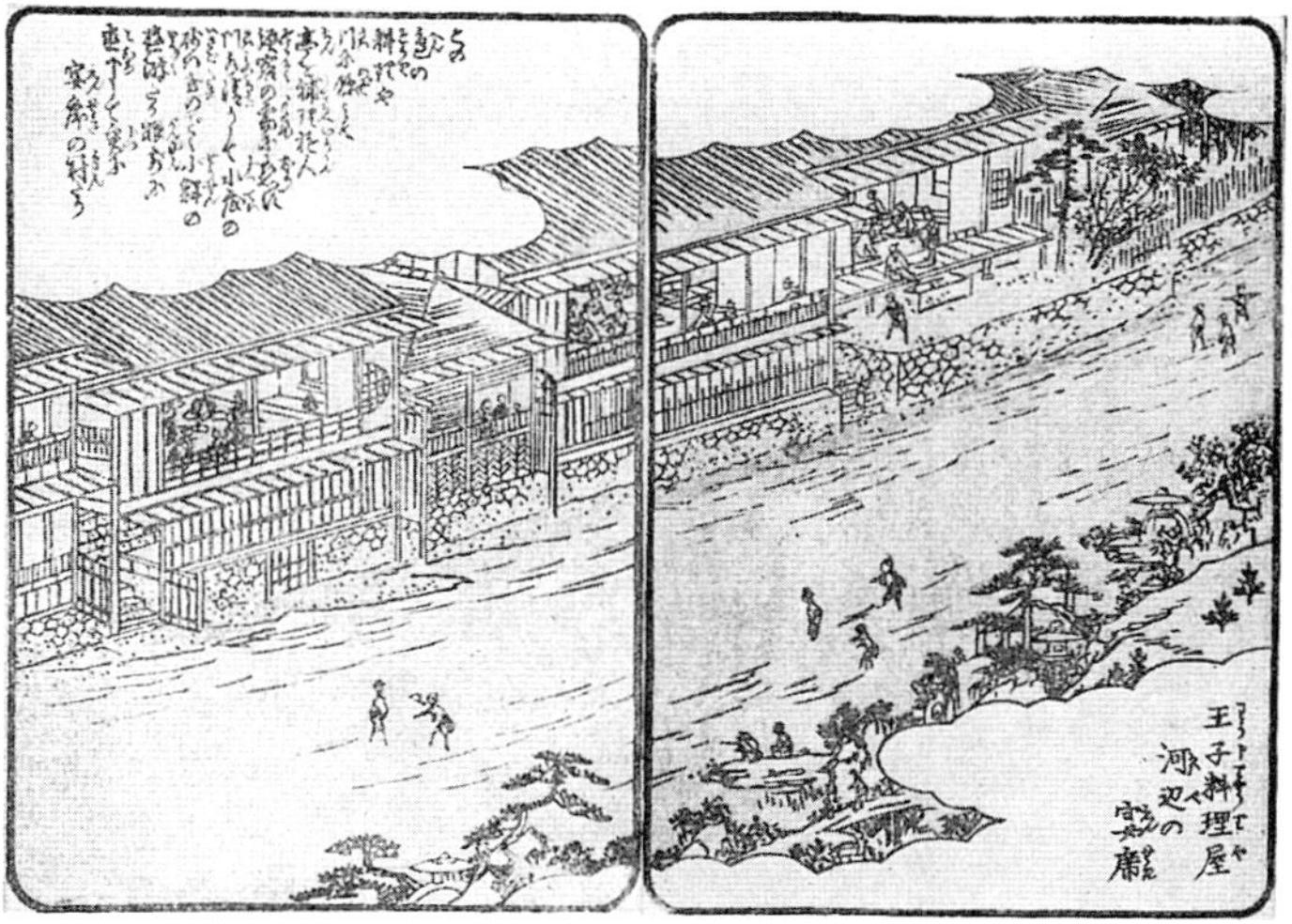

図8-5●建て替わった王子村の料理屋（『絵本江戸土産［4］』）

面には石組が置かれ、刈り込んだ低木が添えられている。川近くの離れ座敷や道路に面した母屋で、食事や宴会ができたのだろう。

しかし、天保十四年（一八四三）の家作取締りで海老屋も扇屋も摘発され、取り壊しが命じられた。嘉永三年（一八五〇）の『絵本江戸土産（四）』の図（図8-5）では、建物は音無川に接して建てられ、対岸に庭園が設けられている。この光景は幕末頃にフェリックス・ベアトが撮った写真とよく似ている（横浜開港資料館編『幕末日本の風景と人びと』）。処罰されて建物は取り壊したが、天保の改革後に一層立派に建て直したようだ。新撰組前身の浪士隊を率いた清河八郎は安政二年（一八五五）に訪れて、

「殊に海老やと扇やとは別して美々敷《しく》」と『西遊草』に書いている（『北区史』通史編近世）。現在は音無川は改修され、海老屋・扇屋の建物もなくなり、江戸の面影はまったく残っていない。

5 町方の経済力と庭園

農民でも名主層になるとウメやカエデの古木で有名になっているが、広大な敷地を持っていたことから、梅林をつくり茶店を経営するようになっている。上北沢の名主のようにボタンのさまざまな品種を多数栽培して、見物客を集めて料理屋を始める者も出現している。

江戸市中の町人も、武家から由緒がある石造品をもらうと、茶道の影響からか庭園を構えるようになっている。風変わりな例としては深川木場の材木問屋のように、敷地内の材木を浮かべた堀の堤にサクラを植える者もあった。郊外に抱屋敷を持つ町人も増加して、太右衛門は西ヶ原村でボタンを栽培し、日本橋の小間物問屋の主人は駒込で、多くの燈籠・庭石を置き様々な樹木を植えた庭園をつくっている。鞠塢が百花園を経営していることは、植物園的なものが商売として成立するようになったことを示している。

深川は八景が選ばれるほど風光明媚なことから料理屋もできたようだが、升屋は上客を得て豪華な建物を建て庭園を設けている。富岡八幡宮境内の二軒茶屋の場合は、掘割の風景を取り入れて庭園としていた。向島の武蔵屋や葛西太郎の店は、土地柄から茶店のように見えるが庭園を設けていて、王子の料理屋は音無川に臨んでいたことから、庭園をつくって風情をかもし出している。

農民が梅林やボタン園をつくり出し、町人も優雅な庭園を持つようになり、料理屋までが庭園を設けるようになったのは、経済活動が盛んになって、農民・町人も財政的に余裕ができたということを示している。文化・文政期に全盛期を迎えた料理屋に、庭園がつくられたことはその象徴的な出来事だった。

第9章　膨張する都市江戸

1　回遊式庭園の誕生

江戸時代の庭園の特色は、広大な回遊式庭園が誕生したことだろう。茶を楽しむ茶屋が建てられ、海水を利用した園池が生まれ、農村の雰囲気を味わえる田畑が設けられ、植栽としては改良を重ねた園芸品種が選ばれるなどしている。庭園を巡ることは奈良・平安時代にも行なわれていたが、こうした内容を持つ回遊式庭園は初めてだった。

回遊式庭園を生み出したのは、大名屋敷の広大さと大名の財力と植木屋たちの技術力だった。広大な屋敷地は、郊外に下屋敷や抱《かかえ》屋敷が設けられたことから生まれたもので、大名の財力は国元の農民への課税によって得られたものだった。水戸徳川家の後楽園は幕府の家臣高家《こうけ》の指導によっているように、当初は京都の技術が導入されて、次第に作業を担当した者たちが技術を学び植木屋となったのだろう。

大名の下屋敷や抱屋敷が江戸の郊外に建てられた理由や、大名と幕府の財政状況の悪化、植木屋を取り巻く社会環境の変化を最後に考えてみたい。

2 庭園がなぜ増えたのか——江戸城造営の与えた影響

徳川家康の江戸城造営

徳川家康の江戸の造営を見ていくと、当初から大都市を建設しようとはしていなかったことがわかる(吉原健一郎・大濱徹也編『江戸東京年表』)。天正十七年(一五八九)に豊臣秀吉は北条氏に宣戦布告をし、翌年四月に家康は北条氏の支城だった江戸城を攻めて降伏させた勲功として、翌五月に秀吉から北条氏の旧領だった伊豆・相模・武蔵・上総・下総・上野と下野の一部、計二四〇万石を与えられた。江戸は辺境の地というだけでなく、信服しない武将が多い土地だったから、「家康の所領だった駿河・遠江・三河・甲斐《かい》・信濃の五カ国を奪おうとする秀吉の策略だ」と、家康の家臣が疑ったのも無理はない（『実紀』）。

だが、躊躇している間もなく、天正十八年八月一日に家康は江戸に入り、家臣たちも九月いっぱいで引越しを完了している。『見聞集』（『東京市』皇城一）によると、

江戸は遠山（北条家臣）居城にて、いかにも麁想《そそう》（粗末）、町屋抔《など》も茅ぶきの家百許《ばかり》も有かなしの体《てい》、城はかたち許にて、城のやうにも無之《これなし》、あさましき云々。

という状況だった。

家康は北条氏の江戸城をそのまま居城としているが、江戸城の防御を考慮して家臣団屋敷を配置する一方で、町年寄を定めて支配を固め、町割にも着手して日本橋本町をつくっている。天正十九年になって、一門の譜代大名に江戸城の応急の築城工事を命じているが、本格的な修築は文禄元年（一五九二）になって始まっている。秀吉が死去するのが慶長三年（一五九八）だから、家康もまだ将来の見通しは立っていなかっただろう。

秀吉の死去後、慶長四年になると家康は全国制覇を謀るようになり、江戸城の拡張工事を譜代大名

写真9−1●本丸北詰橋門付近の高い石垣

と西国の外様大名に命じ、本丸・二の丸・三の丸の石垣を築き始める。慶長五年に関ケ原の合戦で勝利すると、家康は息子の秀忠と相談して、全国支配のための拠点を江戸に置くことを決定している(『実紀』)。慶長八年には、家康は征夷大将軍になり、江戸に幕府を開く。だが、家康には大規模な庭園を造営して楽しんでいる暇はなかった。

江戸城の防備をさらに固めるため、慶長十一年には本丸御殿を建てるとともに、本丸・二の丸・三の丸の石垣を築いている。翌年には本丸に天守閣を建造し、北の丸を造営している。同十八年には再び江戸城の修築工事が西国大名に命じられ、翌十九年に本丸・二の丸・西の丸の石垣

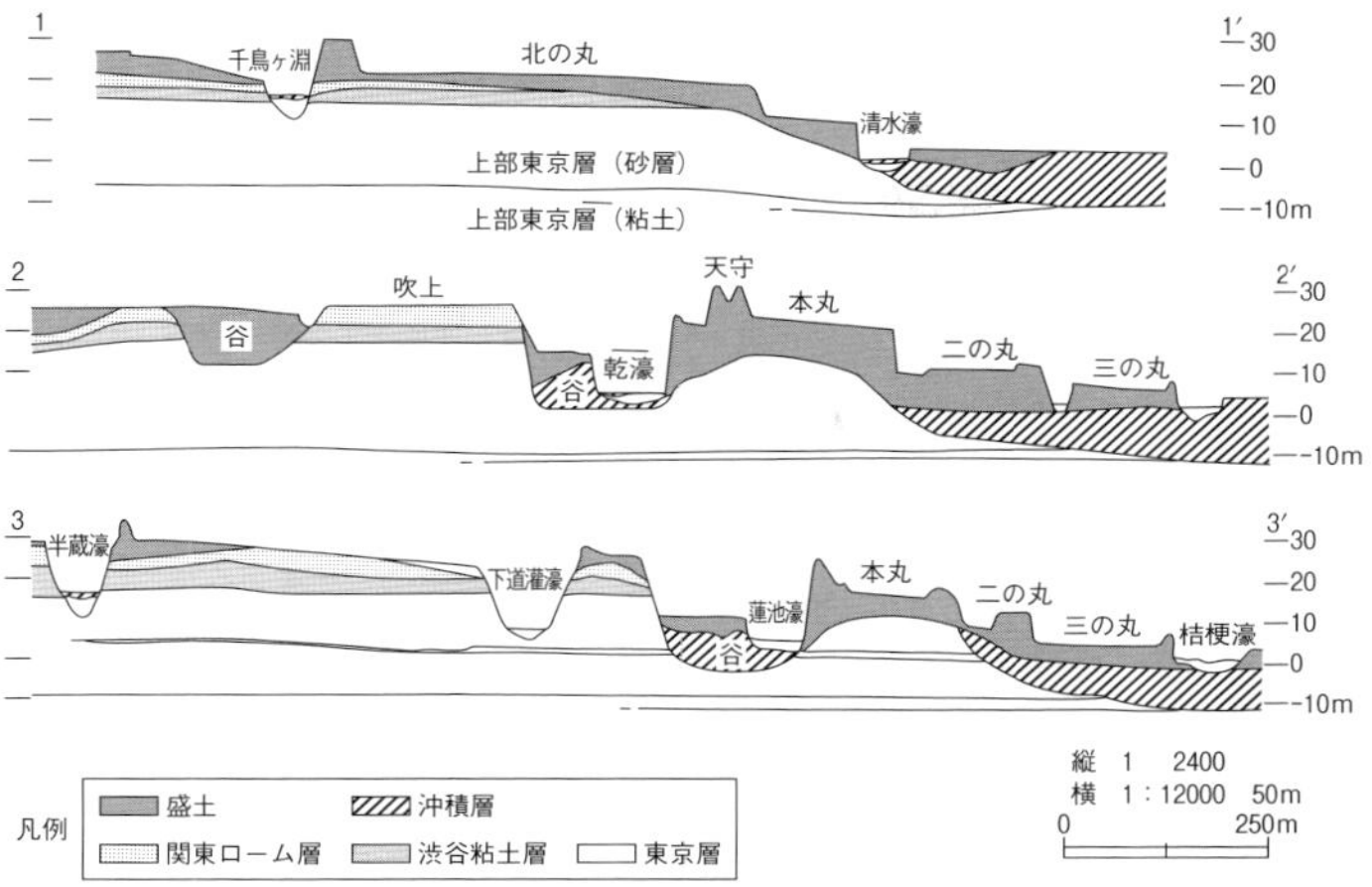

図9－1●江戸城の地層断面図（『新編千代田区史［通史編］』より）

と、外郭の一部の石垣が完成する（写真9－1）。

近年、地質調査や発掘結果から、本丸から二の丸・三の丸にかけての地域は、西の丸下に向かう傾斜地と沖積地にあたるが、本丸地点では一〇メートルに達する盛土層に覆われていて、この盛土層が下の二の丸・三の丸まで及んでいることが判明している（図9－1）。本丸の地表から二メートル以下は、ローム土によって一度に埋め立てられているので、普請が行なわれた寛永期（一六二四－一六四三）までのある時期に、盛土の大部分が形成されたと推測されている（『新編千代田区史』通史編）。天下制覇を遂げたのちに全国を統治することを配慮して、江戸城に政治の場所としての機能を持たせるために拡張整備を行ない、天守と堅固な石垣を持つ近世城郭に、江戸城を変貌させたことがわかる。

大名屋敷の増加

大名は海辺や河川沿いの屋敷では潮入りの庭を設け、丘陵地帯の屋敷では上水や湧水を利用して庭園を築いている。大名の数は二百数十だったので、大名屋敷の庭園数は上・中・下・抱屋敷を合わせると、一〇〇〇ヵ所以上になる。大名たちはなぜこれほど多くの庭園を構築したのだろうか。

慶長八年（一六〇三）に江戸に幕府が開かれると、前田利長と池田輝政が将軍秀忠に拝謁するために江戸に屋敷を置いたことが先例となって、大名の江戸屋敷が次々に建てられるようになる（『実紀』）。だが、次第に幕府の大名統制は厳しくなっていき、元和元年（一六一五）七月の「武家諸法度《はっと》」で参勤の仕方が決められ、三代将軍家光の時代になると寛永元年（一六二四）十一月十三日に、大名の妻子を江戸に置くように定められる。同十一年には譜代大名も妻子を江戸に移すことが決定され、翌十二年には大名が一年おきに江戸に住む参勤交代が制度化されている。

大名とその妻子が居住する屋敷が江戸に建設されるようになったのは、当初の江戸の町づくり構想からすると、予想外の進展だっただろう。そのため江戸城の周囲には大名屋敷が立ち並ぶことになり、武家の生活を支える商工業を営む町人が増加したことで、江戸の町は過密化していくことになった。寛永十三年に外郭整備が完了して江戸城の拡幅工事は終わり、寛永年間（一六二四―一六四三）には日本橋（中央区）・京橋（同）・神田（千代田区）に約三〇〇の町が形成されている。

大名屋敷への御成り

慶長十九年（一六一四）頃は、もっとも大名屋敷の建物が華やかになった時期だった（図9-2）。江戸の大名屋敷の建築は豪華絢爛だったことを、『実紀』の慶長十九年一月の条は次のように述べている。

すべて近年、江戸府内諸侯邸宅華麗を極め、大廈《たいか》（大きな建物）高楼を連ね、甍《いらか》をならべ金碧《きんぺき》（金色と青色）映照す。其中にも上総介《こうずけのすけ》忠輝朝臣《あそん》の外門雕琢《ちょうたく》（刻み磨くこと）の功をきはめ、松平筑前守利常が堂廡《どうぶ》結構（建物）其魁《かい》たりとぞ聞える。

松平忠輝邸の門の彫刻と前田利常邸の建物が素晴らしかったとしているが、なぜ江戸の大名屋敷はこれほど華麗を極めたものになって行ったのだろうか。

江戸初期には将軍は大名屋敷をしばしば訪れている。大名邸宅への「御成り」を、幕府の公式行事として実施したのが二代将軍秀忠だった。外様大名の屋敷へは選んで訪れたから、大名たちの名誉心を満足させるとともに、忠誠心を喚起することにもなり、将軍の権威が高まるという政治的効果があった（山本博文『江戸城の宮廷政治』）。

元和六年（一六二〇）一月二十七日に出羽久保田（秋田）藩主佐竹義宣《よしのぶ》邸に、秀忠の御成りがあった。佐竹義宣邸では将軍御成りのために、前年に数寄屋の料理屋を壊して、御成り書院の料理屋に改造している。こうした将軍の御成りが豪華な建築と庭園を生み出す原因になったらしい。さらに幕府の要人を接待のために、翌七年八月十六日には義宣は数寄の御広間や番所・御門の建て直しを命じ、門については細川三斎（忠興）の屋敷のように建てることを指示している。九月一日に京都から数寄屋の材料や道具として、次の物が届いている（渡辺景一『「梅津政景日記」読本』）。

みかげ石二〇〇・刀掛石二・とくぐり石二・大仏砂利五〇俵・堺砂利五五俵・大坂さび土三五俵・池田炭・太炭・細炭・白炭合一〇箱。

御影石は露地に飛石として置いたもので、刀掛石は茶室のにじり口手前の壁にある刀掛けの踏み台にするものだった。戸くぐり石は茶室のにじり口に置いた踏石のことだろうか。大仏砂利は名前からするとおそらく白川砂で、露地に敷き詰めるのに使ったのだろう。堺砂利は大仏砂利以外の所に敷き、大坂さび土は茶室まわりの三和土《たたき》に使ったのではないだろうか。

将軍の訪問は一見気楽そうに見えるのだが、招待する方の大名は将軍の機嫌を損ねたら領地没収となりかねないので、対応に細心の注意を払わなければならなかった。大名としては不名誉にならない

図9−2●江戸初期の豪華な大名屋敷（「江戸図屛風」国立歴史民俗博物館蔵）

ように、立派な建物・庭園を用意する必要があった。そのために大名たちは競って屋敷を豪華なものにし、広大で優美な庭園を造営していくことになった。出費は膨大で、各藩にとっては大きな負担になったはずだが、国元の苦労を考慮してはいられない状況だった。江戸があってこそ国元もあるという感覚だったのだろう。

大名屋敷の庭園

大名屋敷への御成りは、庭園の中を巡るということも生み出した。たとえば前に引用した蒲生忠郷邸の場合、将軍秀忠は寛永元年（一六二四）四月五日に訪れ、まだ残っていたサクラの花や上水の水を堰き入れた大河かと思うほどの広い園池、鹿の足跡も残る深山のような築山やその下の仮設の茶店を見ている。忠郷は露地口から出て秀忠を迎へ、数奇屋に案内して茶を献じている。

三代将軍家光もしばしば御成りを行なっていて、寛永八年六月二十一日に隅田川で船遊びをしてから、稲葉正勝の別荘に寄り楼上に登って眺望を楽しんでから、ウリ畠の茶亭でくつろいでいる。また、同十五年十二月十一日には土井利勝の別荘を訪れ、数奇屋で茶を飲んでから池の上の亭に行って宴を催し、同十七年十二月五日には井伊直孝の代々木の別荘を訪れ、茶亭で酒を飲んでいる（『実紀』）。

家光がこれだけ多くの大名屋敷を訪れていることは、寛永年間に各藩邸に豪華な庭園がつくられたことと無縁ではないだろう。寛永六年に水戸藩主徳川頼房が小石川（文京区）に後楽園、十五年に加賀金沢藩主前田利常が本郷（文京区）上屋敷に育徳園、十六年に松本藩主堀田正盛が浅草（台東区）に多景楼、十八年に肥前平戸藩主松浦隆信が向柳原（台東区）に向東庵を造営している。全体的に見ると庭園造営は江戸前期に多く、特に寛永年間に集中している（表9-1）。御成りということが作用して、藩の財政もまだ余裕があったことから、大名たちは競い合って藩邸の建物・庭園を豪華なものにしていったと考えられる。さまざまな趣向を凝らした大規模な回遊式庭園は、このような状況から生まれたものなのだろう。

表9-1●江戸の大名屋敷庭園の造営年代(『東京市史稿[遊園篇 1～3]』より)

区分	年　　代	造　営　者	場　所	庭　園　名	出　典
前期	寛永 6 年（1629）	水戸藩主徳川頼房	小石川（文京区）	後楽園（中屋敷）	水戸紀年
	寛永 15 年（1638）	金沢藩主前田利常	本郷（文京区）	育徳園（上屋敷）	三壺記
	寛永 16 年（1639）	松本藩主堀田正盛	浅草（台東区）	多景楼（下屋敷）	羅山先生文集
	寛永 18 年（1641）	平戸藩主松浦隆信	向柳原（台東区）	向東庵（後に上屋敷）［蓬莱園の前身］	伯爵松浦家回答
	万治元年（1658）頃	会津藩主保科正之	三田（港区）	箕田園（下屋敷）	鵞峯先生林学士文集
	万治元年（1658）頃	津藩主藤堂高次	染井（豊島区）	染井藤堂邸（下屋敷）	虎丘堂集書
	寛文 3 年（1663）	小田原藩主稲葉正則	築地（中央区）	江風山月楼（中屋敷）	鵞峯先生林学士文集
	寛文 9 年（1669）	府中藩主徳川綱重	浜屋（中央区）	浜屋敷［浜離宮の前身］	甲府日記
	寛文 11 年（1671）着手	名古屋藩主徳川光友	和田戸山（新宿区）	戸山荘（下屋敷）	純堂叢稿
	元禄 7 年（1694）	仁正寺藩主市橋政信	本所五之橋（墨田区）	占風園（下屋敷）	葛西志
中期	元禄 15 年（1702）	側用人柳沢吉保	駒込（文京区）	六義園（下屋敷）	松蔭日記
	寛政 3 年（1791）	徳島藩主蜂須賀治明	深川（江東区）	雀林荘（下屋敷）	栗山文集
	寛政 6 年（1794）頃	白河藩主松平定信	築地（中央区）	浴恩園（下屋敷）	浴恩園図記
後期	文化 5 年（1808）頃	白河藩主松平定信	大塚（豊島区）	六園（抱屋敷）	蒙斎先生文集
	文化 5 年（1808）頃	松江藩主松平治郷	大崎（品川区）	大崎別業（下屋敷）	御府内場末往還其外沿革図書
	文化 9 年（1812）頃	白河藩主松平定信	深川（江東区）	海荘（抱屋敷）	深川御別荘の記
	文政 5 年（1822）頃	沼津藩主水野忠成	本所（墨田区）	下屋敷［養浩園の前身］	新撰東京名所図会
	文政 7 年（1824）頃	長島藩主増山正寧	州崎（江東区）	海荘（抱屋敷）	新編武蔵風土記稿
	文政 8 年（1825）	萩藩主毛利斉元	葛飾（葛飾区）	鎮海園（抱屋敷）	山陽遺稿
	天保 3 年（1832）頃	佐野藩主堀田正敦	麻布（港区）	広尾山荘（下屋敷）	広尾山荘の記
	天保 8 年（1837）	飯田藩主堀親寚	高田（豊島区）	楽其楽園	楽其楽園記
	弘化元年（1844）	新発田藩主溝口直溥	木挽町（中央区）	偕楽園（中屋敷）	伯爵溝口家回答
	弘化 4 年（1847）	高須藩主松平義建	角筈村（新宿区）	魁翠園［聚玉園］（下屋敷）	聚玉園記

3　江戸の防火対策

明暦の大火

明暦三年（一六五七）一月十八・十九日の明暦《めいれき》の大火は、江戸城を大半焼失させたことから、幕府は防火対策として御三家の屋敷を移転させて吹上を造営している。吹上に庭園がつくられたが、茶屋・腰掛が置かれただけで御殿が建てられなかったのは、避難場所の確保のためだった。

明暦の大火の被害は、大名屋敷が一六〇家、旗本屋敷が七七〇家、町屋が四〇〇町焼失し、死者は数万から一〇万人とされている。明暦の大火以前はこれほどの被害が出た火災はおきていない（『江戸東京年表』）。明暦大火後に、幕府は防火対策として密集地をなくすために武家屋敷・寺社を移動させたほか、赤坂溜池（港区）の一部埋め立てや築地（中央区）・本所（墨田区）・深川（江東区）を造成して市域拡大を図り、立て込んだ町割を改めるために道路の拡張を行ない、延焼を防ぐために広小路・防火堤・火除地《ひよけち》などの防火地帯を設けている（黒木喬『明暦の大火』）。

火事・地震による庭園被害

江戸は火事・地震などの災害も多く、大名屋敷の庭園もそのつど修復されている。尾張藩徳川家は明暦二年（一六五六）三月七日に市谷《いちがや》（新宿区）に屋敷地を拝領したが、その後も周辺の土地を買収していって上屋敷にしている。御殿の傍らには大規模な「楽々園」と名付けられた庭園が設けられていたが、周囲は家臣団の長屋で囲まれていた。この上屋敷は火災と地震によって幾度も建て替えが行なわれている（『新宿歴史博物館開館5周年記念特別展図録』）。

天和三年（一六八三）に類焼し、元禄十六年（一七〇三）には地震で建物は大破している。延享三年（一七四六）と天明六年（一七八六）に再び焼失し、さらに安政二年（一八五五）に地震で被災し、文久二年（一八六二）にも類焼している。二一〇年ほどの間にいくども被災していて、記録に残っているだけでも四回建て替えている。享保十七年（一七三二）に屋敷が完成したときに総費用は六万四七八〇両だったというから、再建に費やした経費は膨大な額だっただろう。上屋敷として使われていたために、災害で荒れたまま放置しておくことはできないという事情があったようだ。

屋敷内の建物と庭園を描いた図が多く残っているので、年代ごとに比較することができる。図を見ると、屋敷地の東半分が御殿、西半分が庭園になっていて、御殿部分は北側が奥御殿、南側が表御殿に分けられている。このように本邸部分は当初から明確に区分されていて、最後まで変更されていないが、明和五年（一七六八）に屋敷の西側に新たに土地を購入し、西御殿を造営している。

庭園部分についても、北側が園池で南側に芝生広場があるという平面的な構成は変化がなかった。細部の移り変わりを徳川林政史研究所所蔵の図で見ると、寛文十年（一六七〇）の「市買御屋鋪《やしき》惣御差図《さしず》」（図9-3）では、園池の南東部分が南に長く延びているのだが、天和三年の類焼後を示す天和四年から元禄十一年頃の「市ヶ谷新旧大御指図《さしず》」では、長く延びた部分が埋め立てられて、園池の西側には築山が設けられている。

延享三年の焼失後の再建状況を描いた明和五年頃の「市ヶ谷屋敷平面図」では、園池の南西部分が狭められ、北西側に花壇が設置されている。再び庭園改修が行なわれたらしく、名古屋市蓬左《ほうさ》文庫所蔵の文政八年（一八二五）の「市谷御屋敷之図」（図9-4）では、園池の南西部分は今度は長く伸ばされ、御殿側の東岸には州浜《すはま》として幅広く砂利が敷かれている。

江戸の大名屋敷は火事や地震、台風などの被害を受けることが多く、そのたびに改修工事がされて御殿や庭園にも変化が起きている。図面によって確認しないと、庭園の変遷は文章だけを読んでもわからない。現代に残る江戸時代の名園もそのままの姿ではないことは、この尾張徳川家上屋敷の楽々園からも十分に想像できる。

4 農耕地帯への屋敷の侵入

膨張する江戸の町

江戸の人口の増加は、江戸の町が拡張されていったことと比例している。荻生徂徠《おぎゅうそらい》（一六六六—一七二八）は『政談』の中で、

何方《いずかた》迄ガ江戸ノ内ニテ、是ヨリ田舎ト云彊限《ひり》（境界）ナク、民ノ心儘ニ家ヲ建続ケル故、江戸ノ彊限年々ニ弘マリ行キ、［略］。

と江戸の範囲が広まったことを述べている。

寛文元年（一六六一）に江戸の範囲は外堀線の内側とされていて、南側も麻布台・西久保・芝金杉橋（以上港区）で限られていた。しかし、翌年には北部は上野広小路・下谷坂本町・浅草日本堤・今戸橋（以上台東区）あたりまで、南は芝札《ふだ》の辻・高輪《たかなわ》如来寺（以上港区）一帯までが、町奉行の支配地域に編入されていった（前掲『明暦の大火』）。

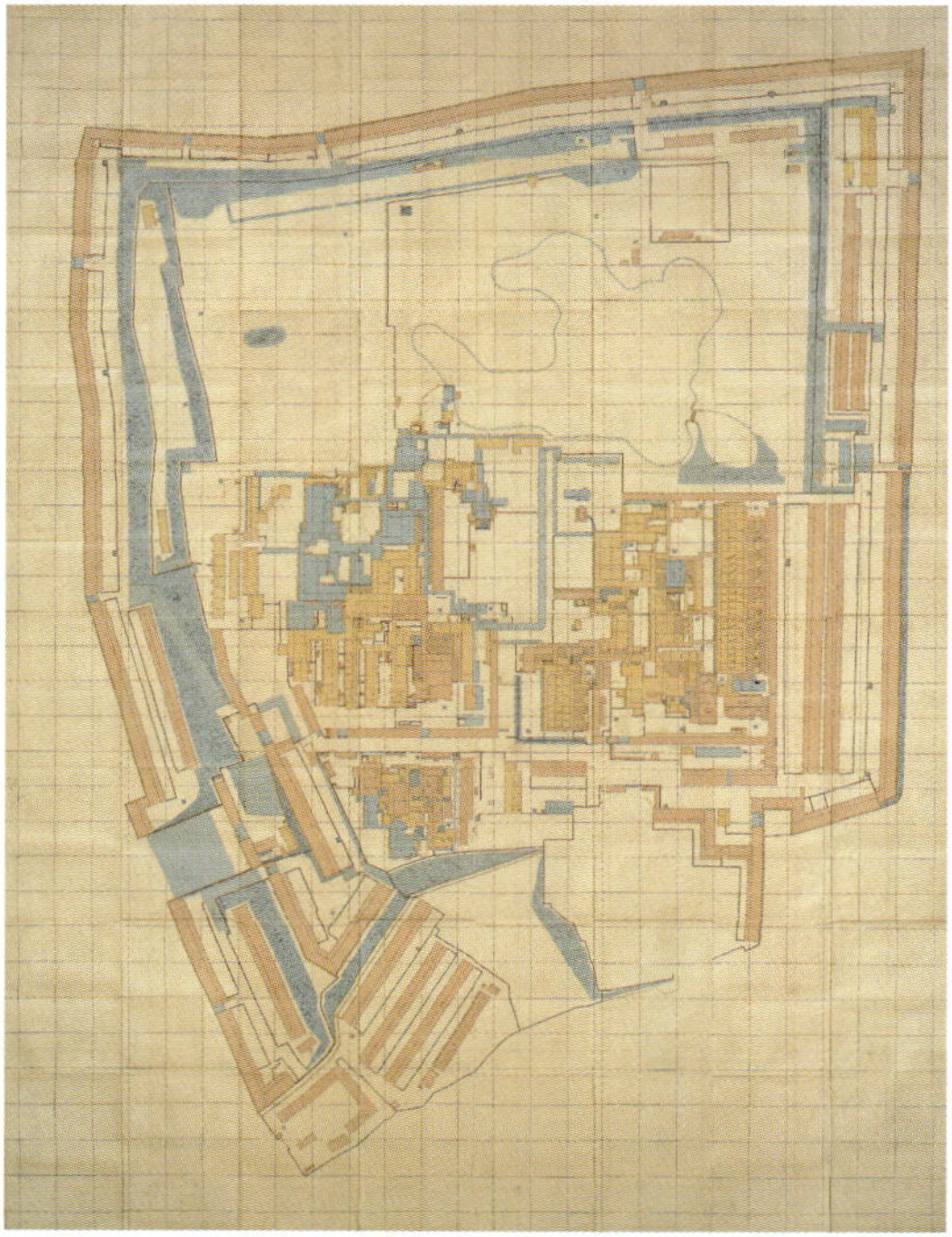

図9-3●江戸前期の尾張徳川家上屋敷の庭園（「市買御屋鋪惣御差図」徳川林政史研究所蔵。寛文 10 年［1670］）

幕府はさらに正徳三年（一七一三）に、小石川（文京区）・牛込（新宿区）・四谷（同）・本所（墨田区）・深川（江東区）・浅草（台東区）など二五九町を町屋に編入し、代官支配地から江戸町奉行の支配へと組み入れている。延享二年（一七四五）には、郊外に位置していた寺社門前地四四〇ヵ所も江戸町奉行の支配下へ移され、町数は一六七八に達している。

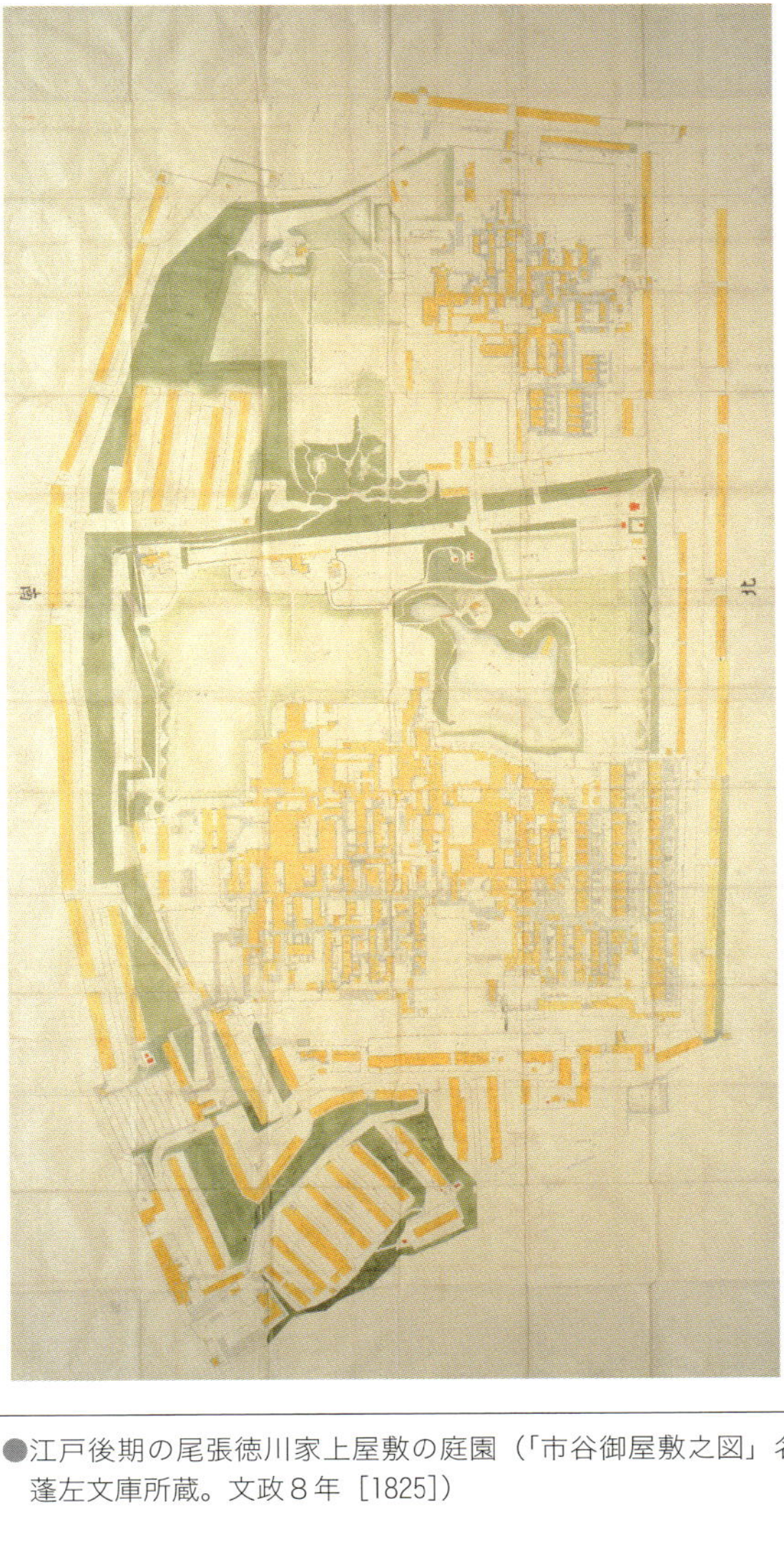

図9–4●江戸後期の尾張徳川家上屋敷の庭園（「市谷御屋敷之図」名古屋市蓬左文庫所蔵。文政８年［1825］）

農地の宅地化による年貢の減少を恐れた幕府は、元文三年（一七三八）に年貢を得ていた農地を拝領屋敷にすることを停止したために、武家の屋敷地は慢性的に不足することになった。そのため幕府は抱屋敷を容認せざるを得なくなり、近郊農村の武家の抱屋敷は増加していった。武家屋敷でも隠居所や別荘という性格のものも現われ、町人や寺院が所有する抱屋敷も見られるようになった（『北区市』通史編近世）。

文政元年（一八一八）にはどこまでが江戸なのか不明瞭になったために、府内外の境界を絵図面に朱引で表示した『江戸朱引絵図』（東京都公文書館）（図9－5）が作成されるに至っている。目黒川から神田上水・石神井川《しゃくじいがわ》下流・荒川・中川筋が、ほぼその境界に当たっている。この図の「黒引」と呼ばれる町地の最末端部をつないだ線は、町奉行が支配する地域を示している。明治十一年（一八七八）の郡区町村編成法で定められた、旧東京一五区（麹町・神田・日本橋・京橋・芝・麻布・赤坂・四谷・牛込・小石川・本郷・下谷・浅草・本所・深川）が、この範囲に該当している（『豊島区市』通史編一）。

江戸の地価について文化年中（一八〇四―一八一七）の武陽隠士著『世事見聞録《せじけんもんろく》（五）』は、

町家繁昌なるゆゑ、段々人数増し、家数増し、年々倍増し、それに随ひて町々の地面直段（値段）高直（高値）になりける事、古今雲泥の違ひ也。

と、町の土地代が人口・家屋の増大とともに上昇していることを述べている。

侵食される農村

武家地の拡大や多数の寺社や町屋の移転によって、郊外の百姓の土地が次々と強制収用されていった。白金（港区）一帯への武家屋敷の侵入は、「白金絵図」（嘉永七年［安政元、一八五四］）（図9-6）に見ることができる。図中央の「松平讃岐守」と書かれている讃岐《さぬき》高松藩の下屋敷は、現在国立自然教育園になっている（写真9-2）。

『御府内備考（三十七）』には、駒込村の百姓たちが被った被害が書かれている。

慶長年中より寛永年中迄（一五九六―一六四三）、追々田畑残らず御用地に召し上げられ、御大名様御下屋敷、武家屋敷、寺院寺領等に下し置かれ候に付、右八十人余住居の地御座無く渇命に及び候間、［略］当時駒込片町と相唱え候地処残し置かせられ候に付、［略］移り住居仕り、百姓町屋にて商売仕り、［略］。

武家屋敷や寺院の建設のために、田畑を取り上げられた八〇人あまりの農民が、指定された駒込片町へ移転を強要され商売をさせられている。農地を奪い取られた農民たちが、幕府に対して代替地を

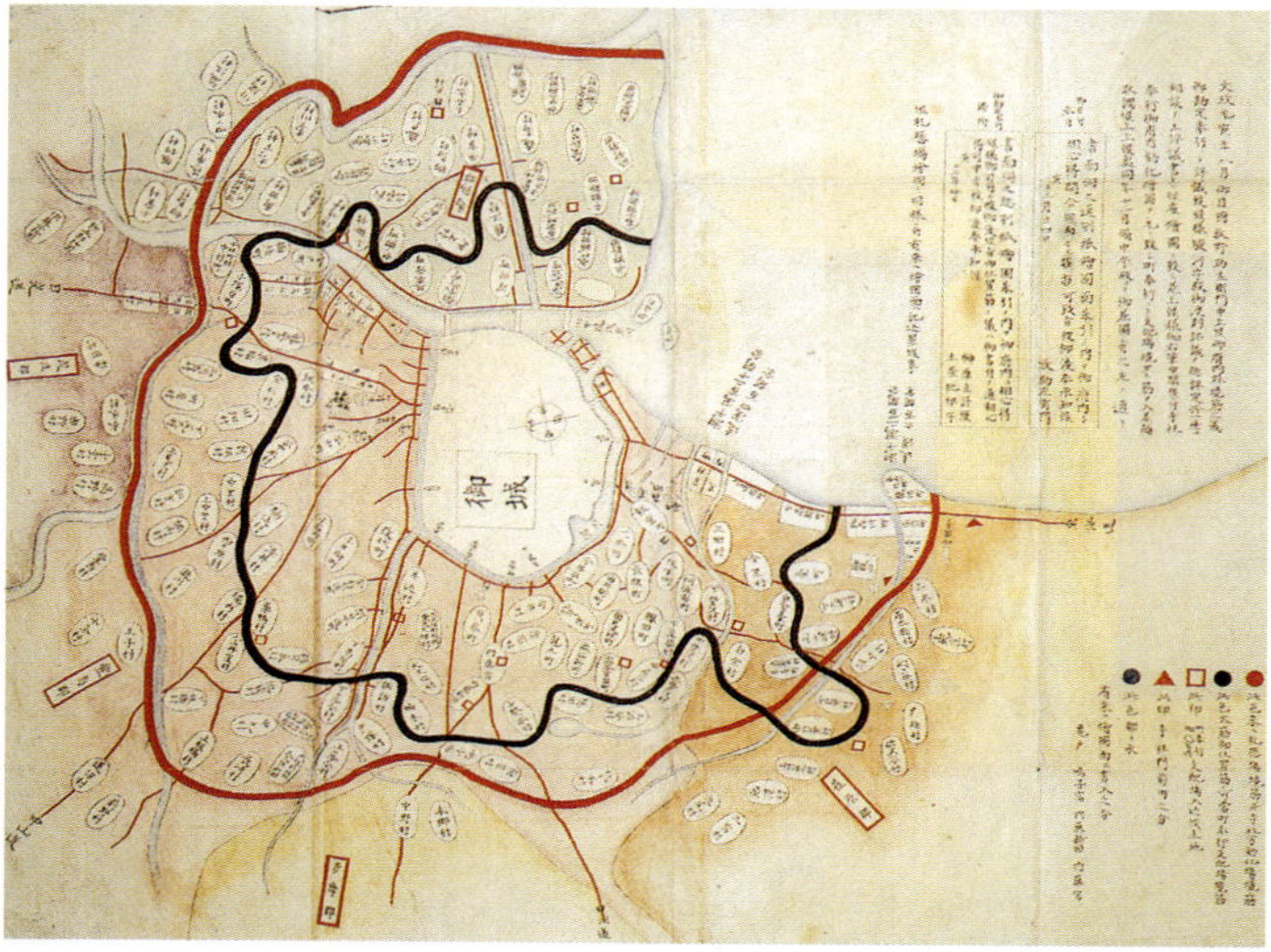

図9-5●江戸後期の江戸の範囲（「江戸朱引絵図」東京都公文書館蔵）

要求しても願いは聞き届けられず、多くは零細な商工業者にならざるをえなかった（前掲『豊島区史』）。

農地を大名屋敷にしたことから、以前に住んでいた百姓を屋敷内に住まわせて、庭園管理をさせている例がある（『渋谷区史』五）。現在の明治神宮内苑（渋谷区）一帯は、彦根藩井伊家の下屋敷で、面積は広大で一八万四二八〇坪もあったという。この屋敷内にあったモミの巨木の管理のことが、『遊歴雑記（二中二十六）』に次のように出ている。

　井伊家の屋敷に囲ひ込ざる節は、此樅《もみ》の辺に拾弐軒の農家ありけり。今はその百姓拾弐軒、井伊家の足軽と

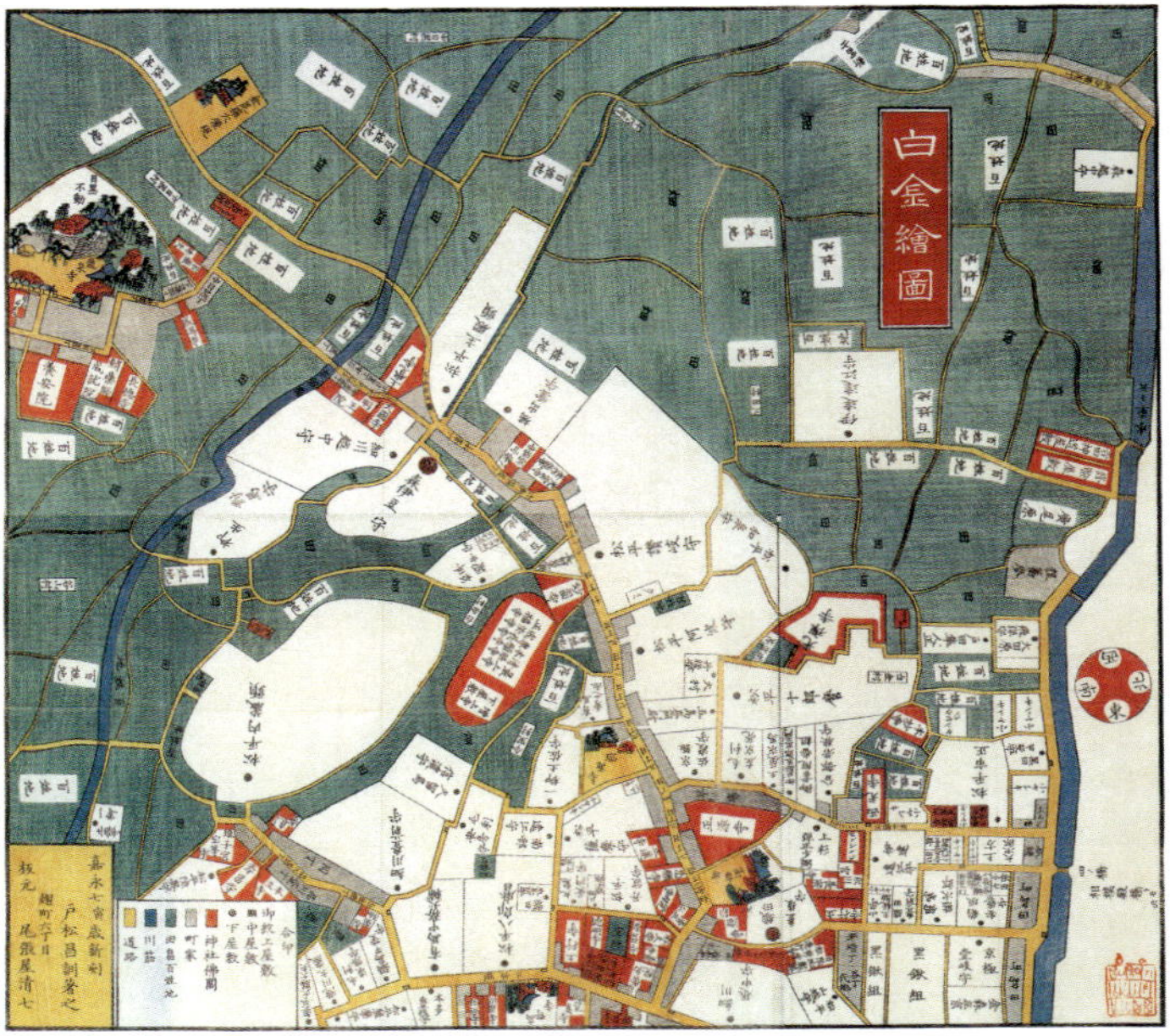

図9–6●武家屋敷の農村地帯への侵入（尾張屋板切絵図「白金絵図」）

なりて此やしきに住居し、此樅の樹を司《つかさど》りなを日に此樹のあたりを掃除するを以て司役として奉公とせり。

かつての住民だった百姓を足軽として雇って居住させ、巨木のモミのまわりを掃除させるなどの世話を命じている。

三次《みよし》藩浅野家の青山（港区）の楽只園《らくしえん》は、寛文四年（一六六四）三月に拝領したもので、面積は三万四〇〇〇坪ほどあった。屋敷内の茶畑・田畑の管理について、津村淙庵《そうあん》（一八〇六年没）は『譚海《たんかい》』に次のように書いて

写真9－2●讃岐高松藩下屋敷だった国立自然教育園

いる。

御屋しき内一里（約三・九キロメートル）余もあり。御庭にも茶園・田畑をはじめ田畑のごとくにて、百姓六軒御扶持《ふち》給りて妻子くらして、常に住つきて是を作る事也。殿の御出の時は明宅《あきや》にして其日は外へ移り住也。

屋敷は広かったことから茶畑・田畑が設けられていて、百姓六軒が給与をもらって妻子とともに居住して耕作していたが、藩主が来る時には家を留守にすることになっていたという。これも農家の土地を買い上げて屋敷としたことへの保障だった。

江戸近郊に居住する農民たちは、蔬菜を中心とする都市近郊の商品経済の発展によって、農間渡世という形の半農半商になっていった者も多い。商人として酒屋・豆腐屋・麺類屋・粟餅屋・水菓子屋・青物屋、職人として木挽《こび》き・桶屋・塗師・茅屋根屋・鋳掛屋《いかけや》、あるいは米舂《こめつき》・日雇などになっている。こうした農村構造の変化によって、本百姓を主体として成立していた村は、上層農民と下層農民との利害対立を契機に分裂していった（『目黒区史』）。

5　江戸幕府の改革と庭園

困窮する幕府と大名

家康は江戸城下を整備するだけでなく、全国を統治するために政治・財政的な面でも方策を立てていた。全国三〇〇〇万石のうちの約四分の一にあたる約七〇〇万石の豊饒で重要な地域を支配したほか、佐渡・石見《いわみ》・伊豆などの鉱山、大坂・長崎などの重要な都市を掌握している。こうした財力が徳川幕府を支えていくことになった。三代将軍家光は日光東照宮を建造しただけでなく、寛永寺や東海寺を建立し、浅草伝法院の再建を援助することができたのは、豊かな財源を持っていたことによっている。

だが、五代将軍綱吉の時代には商品経済の浸透で、それまでの自給自足経済が崩壊し始める。さらに佐渡金山の鉱脈枯渇などによって鉱山収入は激減し、明暦大火の復興費用支出のために財政の窮乏化は進み、綱吉の寺社造営や修理への費用捻出や放漫財政によって、幕府は一層弱体化していった。貨幣改鋳《かいちゅう》を実施して回復をはかったのだが、貨幣価値の低下を招いて幕府・諸藩ともに財政難に陥ることになった。

八代将軍吉宗は財政の窮乏化を防ぐために、幕府収入の増加をはかっている。旗本・御家人の財政救済のために「上米制《あげまい》」を定めて諸大名から米を徴収し、農民に対しては年貢割合を四公六民から五公五民に引き上げた。町人請負の新田開発を進め、さらに殖産興業や市場統制も行なって、商業資本の統制を強化している（蔵並省自・實方壽義『近世社会の政治と経済』）。

江戸中期には大名も財政的に苦しくなっていった。屋敷の取得については、当時は相対替《あいたいがえ》が原則になっていたが、金銭のやり取りもあったことを、松平定信は『宇下人言《うげのひとこと》』で述べている。

水野日向守《ひゅうがのかみ》はことに〳〵不如意にてせんかたなし。青山のやしきを人に予《あた》へて引料得侍らば、それをもて経済のもとにせば一諸侯立行べしといと願ふなり。

経済的に苦しいので、青山の屋敷を他の人へ渡すことで手数料をもらえれば、財源にすることができ大名としてやって行くことができると、下総《しもうさ》結城藩主水野勝剛《かつかた》が切羽詰った様子で言ったという。広い屋敷と狭い屋敷を交換すれば、広い屋敷の持ち主は損をするので、差額を現金で渡すということをしていたのだろう。使い勝手が悪いので転居するように見える大名屋敷の相対替も、裏では困窮した藩の財政の危機を救う手段にもなっていたことになる。

将軍綱吉の改革

石高制が示しているように米を政治・経済の基本としていた幕府は、江戸中期頃から米価の変動で政権が不安定な状況になったばかりでなく、商業活動の活性化によって時代から取り残されていく危機感を味わうことになった。財源が尽きて困窮していた幕府・大名にとっては起死回生の策が、吉宗や松平定信・水野忠邦が行なった「改革」と呼ばれるものだった。

武士・町人に対しての幕府の贅沢禁止令は、最初のうちは統治政策として、風紀の乱れを抑制するためだったのだろう。生類憐みの令を出したことで評判が悪い五代将軍綱吉は、はじめは理想的な統治を行ない、政策として風俗統制を強く打ち出している。

戸田茂睡《もすい》（一六二九―一七〇六）の『御当代記』の天和二年（一六八二）の条に、浅草川（隅田川）沿いの下屋敷に茶屋を建てて豪華な座敷を設けていることに綱吉が立腹したことから、藤堂和泉守《いずみのかみ》が浅草川向かいの藤屋敷を撤去したのを始めとして、諸大名が茶屋のある屋敷を取り壊した。だが、さらに綱吉は年々浅草川に町屋が突き出してきて川面《かわも》が狭くなったとして、東西の町屋の裏側だけでなく諸大名の屋敷も切り取ったという。

しかし、それだけではすまなくて、綱吉はさらに厳しく贅沢を禁じている。

江戸はし（端）に大に構たる下屋敷を、みな百姓の主へかへして田地になさせべきよし被仰付なれば、けっこうなる築山・泉水をくづし、普請をもこはして石を引《ひき》、木を切捨る、人歩《にんぷ》のついゑ幾千万といふかずをしらず。

江戸の郊外に大きく構えた下屋敷の土地を、百姓に返して田に戻すように綱吉は命じた。庭園は崩され、庭石は引き出されて樹木は切り倒されて、どれほど造営費が無駄になったかわからない。こうした厳しい取締りの結果、町人たちは開き扉を造った門を早々に打ち壊し、庭木を切り庭石を掘って埋めている。建物も贅沢な造りをごまかすために、書院を取り去り、小座敷の柱には穴を開けて埋め木をし、削りたてた柱には手斧で切れ目を入れるなどしたという。

享保の改革

八代将軍吉宗が江戸城内の吹上でハゼやサツマイモのような有益な植物を栽培させていたのは、殖産興業のためだった。神田川の堤に柳を植えて旅人の便宜をはかったり、飛鳥山（北区）に花見のためにサクラ、御殿山（品川区）に紅葉が美しいハゼ・ヌルデ、中野（中野区）に花が美しいモモ、墨田川堤にもモモやサクラなどを植えたりしたことから、「皆御余徳を仰ぐにたらざるはなし。いとありがたき御事にこそ」と人々は吉宗を褒めたたえている（『実紀（有徳院付録十七）』）。

今日の都市公園の設置と似ていることからすると、吉宗が行なった植栽工事は都市の生活環境の改善計画だったと考えられる。江戸の防火対策として火除地を設けて、市民生活の安全をはかったのと同じなのだろう。江戸の町民の生活環境を改善しないと、その不満が鬱積《うっせき》して幕府も瓦解しかねないと吉宗は感じたのではないだろうか。

吉宗は贅沢も禁じている。『実紀』の享保五年（一七二〇）十二月二十五日の条に、下田の港は風波が激しく苦労することを吉宗が聞き、諸国から運送してくる米穀を浦賀の港で陸揚げするように決定している。しかし、それだけではなかった。

炭、薪、屋材にいたるまで、滞なく輸送し、園庭、玩好の木石、その他遊具の属、輸送すべからず。［略］

重要な物品を滞りなく輸送し、庭園で好まれる樹木・庭石のような遊び道具を運ばないようにと指示を出している。商品経済が発展すると物品が町中にあふれ、一定の米を収入基盤とする武家は生活水準を上げられなくて困窮することになり、幕藩体制が崩解していくことを吉宗は危惧したのだろう。

寛政の改革と天保の改革

松平定信は農村を維持していくことと商業資本を抑圧することを留意しながら、社会・財政・風俗・言論・海防など多方面にわたって幕政の立て直しを行なった。定信が行なった寛政の改革は、天明七年（一七八七）から寛政五年（一七九三）までだったが、その余波は庭園にも及んでいる。寛政十年八月になっても、「近来品珍しき鉢植えものに至る迄、高値売買致すべく候趣《おもむき》相聞候」というように、珍しい鉢植えを高値で売買することをやめるようにという通達が出されている（『江戸町触集成（十）』）。

老中水野忠邦（一七九四―一八五一）は、物価の高騰の原因である贅沢を禁じて風俗取締りを強化し、株仲間を解散させて幕府の産業統制力の強化をはかった。忠邦の天保の改革は天保十二年（一八四一）から同十四年までと短かったが、天保十三年七月十七日には、

石灯籠・石手水鉢《ちょうずばち》・踏段・庭石等無益の人力を、費用を懸け造出し、其中には莫大高金に売買致し候品もある哉に相聞候。自今右灯籠の儀、金十両以上の品売買、一切停止と為すべく候。

という町触が出されている（『藤岡屋日記』）。庭園に高価な石灯籠・石手水鉢・踏段（くつぬぎ石）・庭石などを用いる者が増加したことから、一〇両以上の燈籠を売買することを禁じている。

天保十四年三月に贅沢すぎるとして摘発された別荘・料理屋は、一五六軒に及んでいる（『大日本近世史料』市中取締類集一五）。こうした屋敷には分不相応な庭園も築かれていたのだろう。場所別に処罰されたものを見ると、別荘・自宅は本所が四〇軒、浅草が三〇軒、深川が一四軒で、料理屋は深川が二三軒、本所が一三軒、浅草が一一軒などとなっている。別荘の所有者は、浅草御蔵近辺の札差《ふださし》や日本橋の幕府御用達商人、金座・銀座の役人などだった（『北区史』通史編近世）。

6 「近代」を準備した江戸の庭園

幕府は危機感を持ったことから改革を重ねたのだが、商業の発展を抑えることはできなかった。明治維新は長州藩や薩摩藩などによる政治的な動きからばかりでなく、経済活動の高まりからも要求されたものだったことがわかる。

維新後、明治政府にとって空き家となった大名屋敷は、施設として利用するのに便利な場所だったようだ。明治十年（一八七七）頃の東京市中の政府機関は、次のように大名屋敷を利用している（日本風俗史学会編『史料が語る明治の東京一〇〇話』）。

仮皇居―旧紀州徳川邸、外務省―旧福岡藩邸、内務省―旧姫路藩邸、警視庁―旧津山藩邸、大蔵省―旧姫路藩邸、陸軍省―旧鳥取藩邸・他、海軍省―旧広島藩蔵屋敷・他、文部省―旧小倉藩邸、工部省―旧佐賀藩邸、司法省―旧岩村藩邸・他、東京府―旧郡山藩邸

東京二十三区の地図を見ると、大きな緑地が目に留まる。この中から江戸時代の大名屋敷だったものを探すと、港区では赤坂御苑（和歌山藩上屋敷）・青山霊園（美濃郡上《ぐじょう》藩下屋敷）・有栖川宮《ありすがわのみや》記念公園（陸奥《むつ》盛岡藩下屋敷）・国立自然教育園（讃岐《さぬき》高松藩下屋敷）・旧芝離宮恩賜《おんし》庭園（小田原藩上屋敷）、

写真9－3●新宿御苑内に残る高遠藩下屋敷の玉川園

新宿区では新宿御苑（信濃高遠《たかとお》藩下屋敷）（写真9－3）・戸山公園（尾張名古屋藩下屋敷）、渋谷区では明治神宮（近江《おうみ》彦根藩下屋敷）、文京区では六義園（大和郡山《こおりやま》藩下屋敷）・小石川後楽園（常陸《ひたち》水戸藩上屋敷）、墨田区では墨田公園（水戸藩蔵屋敷）・旧安田庭園（丹後宮津藩下屋敷）（写真9－4）、江東区では清澄庭園（下総関宿《しもうさせきやど》藩下屋敷）などがある（児玉幸多監修『復元・江戸情報地図』）。江戸の大名屋敷は現代にも引き継がれているといえる。

江戸時代には明暦の大火で防火策が立てられ、火除け地が各所に設けられて環境改善がされている。だが、過密状態を軽減するために武家屋敷・町屋・寺院を郊外へと移動させたことは、農村地帯への侵入をさ

写真9-4●宮津藩下屋敷だった旧安田庭園

らに許すことになった。現代へも引き継がれている大名屋敷の所在地からも、そのことがわかる。武家の下屋敷・抱屋敷は多くの名園を生み出したのだが、農村社会を破壊していく原因にもなっていた。

江戸の庭園は、近代化に必要な土地を提供しただけでなく、近世社会の基礎となった農村を揺るがし、近代化を準備したと言えるかもしれない。

おわりに——庭園の功罪と江戸からの警告

江戸の大名庭園

小田原藩主稲葉家の渋谷の下屋敷は、明暦三年（一六五七）に旗本長谷川久三郎の屋敷を深川の屋敷と相対替して取得したものだった。藩士の木田好座が天明五年（一七八五）に書いた『御露路草案』には、この庭園の見所が詳しく述べられているが、要点を示すと次のようになる（『東京市』遊園一）。

三笠閣　「元和元癸亥《みずのとい》年（一六一五）大猷院《だいゆういん》（家光）様御上洛之砌《みぎり》、二条御城内に出来せられし御茶屋」

香陰亭　「高徳院殿竜沢公御物好なり（稲葉正往が建てたもの）」
秋野の御茶屋　「秋草多き故に名とす」
嗽石関《そうせきかん》　「（西行の）とく〳〵とおつる岩間の苔清水汲ほす程もなき住居かな、と読し歌の心を汲せられ」
風詠台　「富士見山の下也」
振衣峰　「不二見山の名也」
憇陰岡《けいいいん》　「銀杏（イチョウ）の木陰長き石ある所の名なり」
観徳場　「矢場の名」
琵琶池　「琵琶の形也。［略］御泉水の名なり」
褰裳橋《けんしょう》　「泉水にかゝる土橋なり」
槙立山　「槙木《まき》立有る山なり」
灌花井　「菱の御茶屋筋向にあり。今は埋てあり」
追風埒《おいかぜのらち》　「四方に囲ひあり道を埒《らち》といふ。御馬場の名也」
臥竜棚《がりゅうだな》　「竜の臥たるに似たり」
御花畑　「往古は花壇の形団扇《うちわ》半月など、いろ〳〵の形に土をもりあげ草木数多有しと」
［略］

匏繋盧《ほうけいろ》　「御菜園の肥しをいるゝ桶へ少しき萱葺の差懸《さしかけ》有」

一里塚　「榎の古木あり。往古甲州海道（街道）の一里塚也と云伝ふ」［略］

二条城から移築した茶屋、藩主が建てた亭、秋草を周囲に植えた茶屋、西行の歌の意味を汲んで建てた門、富士見山の下の四阿《あずまや》、富士山を眺められる築山、長い石を置いたイチョウがある岡、矢場、琵琶湖の形をした園池、園池に架かる土橋、マキばかりを植えた築山、菱の茶屋の向かいの井戸、四方に囲いのある馬場、竜が伏したようなフジなどの棚、いろいろな形の花壇が設けられていた花畑、菜園の肥やしを入れる桶に茅葺屋根をつけた小屋、一里塚の跡などが、庭園内には存在していたという。

江戸の大名屋敷の庭園は、おそらくほとんどがこのような施設をたくさん持っていたのだろう。現存する小石川後楽園や六義園からは感じることができない豊かさだった。造営費・管理費を十分にかけられた時代の庭園が持つ味わいなのだろう。

このように下屋敷では、各大名が競って大面積の名園をつくるようになったことから、散策しながら風景の変化を楽しむという回遊式庭園が生み出されていった。海岸付近では海水を利用した回遊式潮入りの庭が次々に誕生している。茶道の流行から御殿に付属した茶室で茶を飲むだけでなく、庭園内の茶屋でも茶を楽しむようになり、食事や飲酒も加わって饗宴の場所にもなった。六義園のように和歌の影響で国内の名所をかたどることや、小石川後楽園のように中国文化への憧れから中国的な橋を造り、中国の名所を模して築山を設けることもあった。

明治維新で消滅してしまった尾張藩の下屋敷だった戸山荘、現在も赤坂御苑として残る尾張藩の上屋敷西園などは、土地の起伏を生かして築山を設け、上水を引いて園池をつくっている。戸山荘では宿場町を実物大で再現するという奇抜なことも行なわれ、将軍家の浜御殿では園池に集まるカモなどを捕らえる狩猟もされていた。

庭園の持つ楽しさを最大限に活用して、大名自身が楽しむだけでなく賓客を接待する場所としても利用している。多くの庭園がつくられたことは、植木屋を誕生させその技術を高めるという効果があった。その結果、武士階級以外にも庭園趣味が広まって、農民でも名主は農地を利用して梅林を開き、町人は郊外の抱屋敷に草花を植えて観光地化し、庭園を持てない庶民は寺社の縁日の植木市で鉢植えを購入して楽しんでいる。これが江戸時代が生み出した庭園文化というものだった。

大名庭園の功罪

大名屋敷に多くの庭園がつくられたために、江戸は庭園が散りばめられた美しい都市だったという錯覚を持ってしまうが、歴史をたどると大名屋敷は農村地帯に侵入していったものだったことは否定できない。大名屋敷は庭園文化を生み出したという評価できる面もあったが、農村地帯を破壊する原因にもなっていた。

これは江戸時代の初めには、誰も予想もしなかったことだろう。徳川家は全国制覇を果たしたが、政権の安泰を図って大名の妻子を江戸に住まわせ、大名にも隔年ごとに江戸滞在を命じたことからすべてが始まっている。江戸の町は繁栄することになったのだが、武家屋敷・寺社・町屋が増加したことから過密化していき、数万人の人が亡くなったとされる天明の大火が起きてしまった。

江戸城には避難所として吹上が造営され、江戸の町に対しても防火対策として、道路の拡張や火除地の造成がされた。だが、町屋・寺社が郊外へと移転させられ、避難時のために下屋敷が郊外に建てられるようになったことが、一層問題を大きくしていった。

都市が発展すると郊外の農地を侵食して、農村部の解体を引き起こすことが生じた。また逆に、町人だけでなく農民も都市で必要とされる物品を生産するようになると、収入が増加して生活水準が上がるということも起きた。その結果、物価が上昇して武士階級は困窮することになった。町人・農民が裕福になるに従って、武士階級は支配者としての存在も脅かされるようになったのだろう。幕府首脳部は恐怖を感じて、享保・寛政・天保の改革をせざるをえなくなり、庭園は贅沢品として扱われるようになったのだった。

江戸からの警告

江戸と現代は経済・政治体制も異なるので、参考にならないかもしれない。だが、都市への人口の集中ということでは、同じ現象が起きている。江戸の町では火除け地が各所に設けられて、安全な都市にするように努力が重ねられたが、利便性が高まれば各地から人が集まり、一層過密化していくということが生じ、地震・火災などの大災害にしばしば見舞われるようになっている。現在の東京もこの延長線上にあるといえる。

日本中の人間が職を求めてやって来ることから、日本の総人口の一割が東京都内に住むようになったことは、異常としか言えない。さらに、現代では交通網の完備で日帰り可能な範囲は一層拡大して、周辺の県だけでなく北海道も九州も、東京の圏内に入ってしまった。通信網の発達は各地への企業の分散を可能にするはずなのだが、ますます東京にすべての機能が集中している。地震被害を考えただけでも、東京への一極化は好ましくない。東京が壊滅状態になれば、人的被害も大きく日本経済は危機的状況に陥って、再建するのにも何十年とかかるだろう。

崩壊の原因は発展の要因の中にある。江戸を膨張させた原因は、大名屋敷を置いたことだった。明暦の大火の時に大名屋敷の数を限定しておけば、農村地帯への侵入はなかっただろう。一度繁栄を知ると、逃れることができなくなるということだろうか。現代の東京も同じで、都市部の発展をある程度でとどめて、農村を農村として維持していけば理想的な都市になるのではないだろうか。

都市の農村部への侵略を押えることを実践した大都市の様子は、実は江戸時代の大坂に見ることができる。次は近世都市大坂を庭園を通して見ることで、江戸との違いを明確にしてみたいと思う。

飛田範夫

平成二十一年（二〇〇九）七月七日

図版一覧

第1章　江戸の植木屋

図1−1　「江戸名勝図會　染井」（二代歌川広重）　千葉県立中央博物館所蔵
図1−2　尾張屋版切絵図「染井王子巣鴨辺絵図」（嘉永七年［一八五四］）　文京ふるさと歴史館所蔵
図1−3　千駄木団子坂の植木屋（『江戸名所図会（5）』）　刊行本より
図1−4　千駄木団子坂の紫泉亭（『絵本江戸土産（7）』）　文京ふるさと歴史館所蔵
図1−5　葛西での草花栽培（『江戸名所図会（7）』）　刊行本より

第2章　将軍の庭園――江戸城本丸・西の丸・二の丸

図2−1　『江戸御城之絵図』　東京都立中央図書館蔵
図2−2　「江戸城御本丸御表御中奥御大奥総絵図」　東京都立中央図書館所蔵
図2−3　「江戸城本丸大奥総地図」　東京国立博物館所蔵
図2−4　「西丸大奥総地絵図」　東京都立中央図書館所蔵
図2−5　「二之御丸御指図」　東京国立博物館所蔵
図2−6　「二丸御絵図」　国立公文書館所蔵

第3章　将軍の庭園――江戸城吹上・浜御殿

図3−1　『吹上御庭絵図』　京都・中井家蔵
図3−2　「江戸城御吹上総絵図」　東京都立中央図書館所蔵

図3―3　「浜御庭内外惣絵図」　所在不明

第4章　大名の庭園――海・河川の利用

図4―1　「蓬莱園図」『東京市史稿』遊園編3　国立国会図書館所蔵
図4―2　「浴恩園真写之図」　個人蔵（写真提供：桑名市美術館）
図4―3　「下屋敷御林大綱之絵図」　金沢市立玉川図書館所蔵

第5章　大名の庭園――上水・湧水の利用

図5―1　「江戸上水配水図」　個人蔵
図5―2　「水戸様江戸御屋敷御庭之図」　彰考館所蔵
図5―3　「赤坂区地図」　明治一六年（一八八三）・一七年）
図5―4　「戸越御屋敷惣御差図」　永青文庫所蔵
図5―5　島原藩松平家の下屋敷の滝『遊歴雑記（2下31）』
図5―6　「江戸藩邸芝口上屋敷庭園図」　仙台市博物館所蔵
図5―7　「武州本郷第図」　尊経閣文庫所蔵
図5―8　「江戸御上屋敷絵図」　清水文庫所蔵
図5―9　「戸山御屋敷絵図」　徳川林政史研究所蔵
図5―10　「宝暦比戸山御屋敷絵図」　徳川美術館所蔵

第6章　旗本・御家人の庭園

図6－1　「江戸図屛風」（向井将監邸）　国立歴史民俗博物館所蔵
図6－2　「江戸図屛風」（米津邸）　国立歴史民俗博物館所蔵
図6－3　「林家八代洲河岸御上屋敷総絵図」　東京都立中央図書館所蔵
図6－4　旗本井戸信八の邸宅と庭園「旗本上ヶ屋敷図」　東京都公文書館所蔵
図6－5　旗本高梁家の庭園「旗本上ヶ屋敷図」　東京都公文書館所蔵
図6－6　『大久保元百人大縄組屋敷絵図面』　国立国会図書館所蔵
図6－7　大久保百人町の躑躅　『江戸名所図会（4）』　刊行本より

第7章　寺院・神社の庭園

図7－1　増上寺の方丈庭園『三縁山図』　岡山大学附属図書館所蔵
図7－2　東海寺の庭園『東海寺想絵図』　東海寺所蔵
図7－3　日暮里の寺院の庭園　『江戸名所図会（5）』　刊行本より
図7－4　新日暮里の仙寿院『江戸名所図会（3）』　刊行本より
図7－5　富岡八幡宮の園池（『江戸名所図会（7）』）　刊行本より
図7－6　秋葉権現の庭園（『江戸名所図会（7）』）　刊行本より
図7－7　根津権現と別当寺の庭園（『江戸名所図会（7）』）　刊行本より
図7－8　浅草寺雷門前の植木屋の店（『江戸名所図会（6）』）　刊行本より
図7－9　萱場町の植木屋の店（『江戸名所図会（1）』）　刊行本より

第8章　農民・町人の庭園

図8－1　亀戸の梅屋敷（『江戸名所花暦（1）』）　刊行本より
図8－2　二軒茶屋での雪の日の宴（『江戸名所図会（7）』）　刊行本より
図8－3　庵崎の料理屋の庭園（『江戸名所図会（7）』）　刊行本より
図8－4　王子村の料理屋（『江戸名所図会（5）』）　刊行本より
図8－5　王子村の料理屋（『絵本江戸土産（4）』）　刊行本より

第9章　膨張する都市江戸

図9－1　江戸城の地層断面図（『新編千代田区史（通史編）』より）
図9－2　大名屋敷「江戸図屏風」　国立歴史民俗博物館所蔵
図9－3　「市買御屋鋪惣御差図」　徳川林政史研究所蔵
図9－4　「市谷御屋敷之図」　名古屋市蓬左文庫所蔵
図9－5　「江戸朱引絵図」　東京都公文書館蔵
図9－6　尾張屋版切絵図「白金絵図」（嘉永七年［一八五四］）国立国会図書館所蔵

（3）その他

6．庭園史料

7．その他

5．植木屋

(1) 植木屋　3

(2) 所在地

（2）形態

（3）石材

（4）工作物

（5）水源

（3）旗本・御家人屋敷

（4）農民・町人の庭園

（6）その他

２．庭園

（1）江戸城・幕府関係

（2）江戸の大名屋敷

索　引

1．人名

(1) 将軍

(2) 大名

(3) 旗本・御家人

(4) 町人

(5) 農民

飛田　範夫（ひだ　のりお）

長岡造形大学教授
1947年　東京に生まれる
1977年　京都大学農学研究科博士課程中退
京都大学論文博士（農学）

【主な著書】
『「作庭記」からみた造園』鹿島出版会、1985年
『日本庭園と風景』学芸出版社、1999年
『日本庭園の植栽史』京都大学学術出版会、2002年
（「京都大学学術情報リポジトリ」で閲覧可能）
『庭園の中世史』吉川弘文館、2006年

学術選書

江戸の庭園
—将軍から庶民まで

学術選書 044

2009年8月15日　初版第1刷発行

著　　者…………飛田　範夫
発 行 人…………加藤　重樹
発 行 所…………京都大学学術出版会
京都市左京区吉田河原町 15-9
京大会館内（〒 606-8305）
電話（075）761-6182
FAX（075）761-6190
振替 01000-8-64677
URL http://www.kyoto-up.or.jp
印刷・製本…………㈱太洋社
装　　幀…………鷺草デザイン事務所

ISBN　978-4-87698-844-0

定価はカバーに表示してあります

学術選書［既刊一覧］

＊サブシリーズ　「心の宇宙」→ 心　「諸文明の起源」→ 諸
「宇宙と物質の神秘に迫る」→ 宇

036 中国文明 農業と礼制の考古学 岡村秀典 諸6

037 新・動物の「食」に学ぶ 西田利貞

038 イネの歴史 佐藤洋一郎

039 新編 素粒子の世界を拓く 湯川・朝永から南部・小林・益川へ 佐藤文隆 監修

040 文化の誕生 ヒトが人になる前 杉山幸丸

041 アインシュタインの反乱と量子コンピュータ 佐藤文隆

042 災害社会 川崎一朗

043 ビザンツ 文明の継承と変容 井上浩一 諸8

044 江戸の庭園 将軍から庶民まで 飛田範夫